Diccionario básico de Economía

DICCIONARIOS BÁSICOS

La Bisagra | Buenos Aires | 2011

Fau, Mauricio Enrique
    Diccionario básico de economía. - 2a ed. - Buenos Aires : La Bisagra Editorial, 2011.
    v. 2, 128 p. ; 14x10 cm. - (Diccionarios Básicos / Mauricio Enrique Fau; 2)

    ISBN 978-987-1719-25-9

    1. Diccionarios. 2. Economía. I. Título
    CDD 330.03

Fecha de catalogación: 18/08/2011

Colección Diccionarios Básicos
Director de la colección > Lic. Mauricio E. Fau

Mauricio Fau se graduó en la Licenciatura en Ciencia Política en la Universidad de Buenos Aires, UBA. Cursó también estudios de grado en la Carrera de Derecho de la UBA y en la Carrera de Periodismo de la Universidad de Morón.

Asimismo realizó materias de posgrado de la Maestría en Ciencias Sociales con especialización en Ciencia Política de la Facultad Latinoamericana de Ciencias Sociales, FLACSO.

Asistió a diversos talleres y seminarios en instituciones educativas, entre ellas el Instituto Argentino de Desarrollo Económico, IADE.

Representando a FLACSO participó con una ponencia en las Jornadas Nacionales Nietzsche 1994 y su exposición forma parte del libro alusivo, editado por la Editorial Universitaria de Buenos Aires, EUDEBA. Ha colaborado también con publicaciones vinculadas a las Ciencias Sociales y co-dirigió programas radiales de temática histórico-política.

Profesionalmente, se desempeñó como docente de la Carrera de Ciencia Política de la UBA y actualmente es Director Académico de La Bisagra Editorial y autor de numerosos libros de temática universitaria.

Derechos exclusivos ©2011, La Bisagra Editorial.
Tonelero 5971, CP 1408, CABA, 4642-3802.
Salón de ventas: Librería TODO CBC, Viamonte 2011, CABA.
Impreso en Arielmpresores, Mariano Acha 2415 (1430), C.A.B.A., en el mes de septiembre de 2011.

1° impresión en esta colección: 1000.
Hecho el depósito que prevé la ley 11.723
Impreso en Argentina

Diseño de tapa e interior: María Eugenia Vigna
Ilustración de tapa: Leandro Fernández Fau

Escribo para que la muerte no tenga la última palabra.

Odysseus Elytis, poeta griego

DATOS BIOGRÁFICOS

DEL AUTOR

Mauricio Fau se graduó en la Licenciatura en Ciencia Política en la Universidad de Buenos Aires, UBA.

Cursó también estudios de grado en la Carrera de Derecho de la UBA y en la Carrera de Periodismo de la Universidad de Morón.

Asimismo realizó materias de posgrado de la Maestría en Ciencias Sociales con especialización en Ciencia Política de la Facultad Latinoamericana de Ciencias Sociales, FLACSO.

Asistió a diversos talleres y seminarios en instituciones educativas, entre ellas el Instituto Argentino de Desarrollo Económico, IADE.

Representando a FLACSO participó con una ponencia en las Jornadas Nacionales Nietzsche 1994 y su exposición forma parte del libro alusivo, editado por la Editorial Universitaria de Buenos Aires, EUDEBA.

Ha colaborado también con publicaciones vinculadas a las Ciencias Sociales y co-dirigió programas radiales de temática histórico-política.

Profesionalmente, se desempeñó como docente de la Carrera de Ciencia Política de la UBA y actualmente es Director del Departamento Académico de la firma Soluciones Universitarias, especializada en la elaboración de materiales didácticos para el ingreso a la Universidad.

DEL REVISOR

Daniel Ríos es Licenciado en Economía de la Universidad de Buenos Aires (UBA) y docente de la materia Economía en el Ciclo Básico Común, CBC, de la UBA.

PREFACIO

Elaborar este diccionario –y los demás que forman la colección de Diccionarios Básicos– ha sido una tarea ardua e intensa, pero muy satisfactoria.

Las miles de horas dedicadas al trabajo se ven recompensadas por la convicción de que el lector encontrará un material realmente valioso, realizado con la mayor seriedad.

En lo personal, me ha sido de suma utilidad el verme ante el desafío de elaborar un contenido que incluya las más diversas manifestaciones del pensamiento, con la convicción de que es desde el conocimiento de lo diverso como se constituyen las propias ideas.

Sin caer en un eclecticismo vacío ni oportunista, la legítima aspiración a la objetividad científica se topa indefectiblemente con la toma de posición, la cual –a la inversa– es puesta en cuestionamiento, es interpelada, por ideas diferentes e incluso antagónicas.

Estoy convencido de que la verdadera libertad del hombre pasa, no por una pretendida objetividad dogmática, sino por la posibilidad de tener acceso a todas las voces, a todos los discursos, a todos los conflictos. Sólo de ese modo –es decir conociendo perfectamente aquellas ideas que no son las nuestras– podremos realmente elegir de un modo no dogmático las propias.

La vieja idea ilustrada del enciclopedismo mantiene su vigencia. El objetivo de este Diccionario es aportar un granito de arena en la titánica lucha por la liberación humana de toda forma de opresión.

Si por intermedio de este libro el lector logra aprender y aprehender algo más de lo que ya sabía. O mejor, si se topa con ideas que contradicen las suyas hasta hacerlas tambalear. Si se produce esa *sacudida*, entonces el objetivo estará cumplido. Las grandes revoluciones de la historia requieren tanto de una transformación social material como de un cambio en la cabeza de sus protagonistas.

El autor

CARACTERÍSTICAS
DEL DICCIONARIO

• Los términos más utilizados en el ámbito universitario

• Explicación breve, pero precisa y completa

• Definiciones basadas en la bibliografía propuesta en los programas de las materias del Ciclo Básico Común de la Universidad de Buenos Aires (CBC), el sistema a distancia UBA XXI y otros de diversos universidades públicas y privadas

• Gran cantidad de remisiones, para que el lector encuentre el término que busca

• Referencias cruzadas destacadas que permiten pasar de una definición a otra vinculada y así sucesivamente. Así, partiendo de cualquier definición del Diccionario es posible recorrer diversas rutas: el conjunto de una teoría, cotejar teorías diferentes, asociar y agrupar términos, recorrer la obra completa de un autor por medio de sus conceptos claves

• Contextualización rápida: en las entradas referentes a personajes históricos y pensadores, inmediatamente después del apellido y nombres se ofrecen datos como la fecha de nacimiento y muerte, nacionalidad, profesión, etc

• Términos no unívocos: en el caso de las entradas cuyas definiciones dependen de la teoría en la que se encuadren, esto se aclara
específicamente. Esto es útil a los lectores para comparar y advertir
la diversidad ideológica que tienen muchos términos, reforzando el
espíritu pluralista y crítico, reconociendo las cargas ideológicas diferentes y hasta opuestas

• Obras claves: libros fundamentales con su autor y fecha en el que
fueron escritos. Este recurso resulta muy útil para comenzar a leer
un libro ya que permite contextualizarlo (con la época y el lugar en
que se hizo) y ver sus ideas principales

• Términos clave de un autor: se trata de términos pertenecientes o
muy ligados a un autor en particular

• Inicial: en la definición se utiliza la inicial de la entrada en cuestión

• Ejemplos: cada vez que lo hemos considerado necesario se han
introducido ejemplos aclaratorios

• Letras Ch y Ll: de acuerdo con las recomendaciones de la Asociación de Academias de la Lengua Española para los diccionarios, las
letras ch y ll no figuran en forma independiente sino que aparecen
en el orden correspondiente dentro de la c y la l respectivamente

• Términos de otras lenguas: las palabras pertenecientes a lenguas
distintas del español son presentadas en letra cursiva

• Bibliografía: al final del Diccionario, el lector hallará una bibliografía cuidadosamente seleccionada que constituye una verdadera
biblioteca esencial de cada disciplina

Diccionario básico de Economía

A

Absorción: Integración de una **empresa** al patrimonio de otra que asume su **propiedad** y control. Esta desigualdad diferencia a la A de la **fusión**.

Acción: Título o valor que representa cada parte o alícuota en que se halla dividido el **capital** de una **empresa, sociedad anónima** o de **responsabilidad limitada**. El **valor nominal** es fijo, pero el **valor real** puede variar según la evolución de la empresa. La A puede venderse y comprarse en la **bolsa** y las hay de varios tipos: según el carácter de su **propiedad**, son nominativas o al portador; según su aporte, son de **capital** o de **industria**, y según los derechos que otorgan, son preferentes (otorgan **beneficios** de la sociedad antes que al resto de los accionistas) u ordinarias (otorgan beneficios sólo una vez que retiraron sus dividendos los accionistas preferentes).

Activo: Conjunto de **bienes, servicios** y derechos que se tienen en **propiedad** y que pueden medirse en términos monetarios. El A puede ser: 1- circulante (**dinero, depósitos**), 2- nominal o intangible (marcas, patentes) o 3- fijo, físico o real (el edificio de una **empresa**, las máquinas, la **tierra**).

Acumulación: Proceso de expansión y profundización real o potencial del **circuito de producción, distribución** y **consumo**, tanto individual como social. La A puede adquirir dos formas: 1- se expande la escala productiva manteniendo las mismas condiciones técnicas en la que el proceso venía realizándose o 2- se amplia la escala realizando modificaciones y cambios a nivel tecnológico, en la organización del proceso productivo y/o en los ritmos de ejecución del **trabajo**. La A aumenta la **productividad** y mejora el proceso de **producción**. Sin embargo, no toda A implicará aumentos en el nivel de **empleo**, ya que las mejoras tecnológicas pueden permitir reducir la **fuerza de trabajo** empleada. **A de capital (marxismo): Proceso** fundamental de la **economía capitalista**, consistente en la reproducción y ampliación del **capital** a partir de la extracción de **plusvalía** a la **fuerza de trabajo**, su transformación en **ganancia** y su reinversión en nuevo capital o **medios de producción** (máquinas, **fábricas**, etc) y de **trabajo**. El proceso de **conversión del dinero en capital** sigue el siguiente esquema: 1- el capitalista utiliza **dinero** para comprar **mercancías (materias primas, insumos** y fuerza de trabajo), 2- de las que consume su **valor de uso**, 3- generando una mercancía (que incluye la creación de un **plusvalor**), 4- la vende, 5- realiza la plusvalía, 6- con la transformación de una parte de la plusvalía en capital suplementario (capitalización de la plusvalía) acumula capital (que es un valor que se valoriza a sí mismo). Ver también **crisis** y **crisis de sobreproducción. A financiera: A** por la cual el **empresario** aumenta sus **bienes** absorbiendo **ganancias** productivas de otros empresarios en el **mercado** de capitales. **A originaria (Karl Marx, siglos XV-XVI): A del capital** inicial que permitió el lanzamiento del **modo de producción capitalista.** La AO fue un **proceso** de acumulación no **capitalista** basado, no en la **explotación** económica, sino en la violencia física directa. A fines del siglo XV, desde **Inglaterra** hubo una gran **demanda** de **materias primas** para lana, lo cual hizo subir su **precio.** Esto provocó una concentración de las **tierras** para pastoreo de animales (disminuyendo las destinadas al cultivo), para lo cual fueron tomadas las parcelas de los **campesinos,** que pasaron a manos de unos pocos **terratenientes.** Así, los campesinos perdieron su tierra, sus **medios de producción** y su **trabajo.** Luego, durante la **Reforma Protestante,** se expropió a más campesinos y a la **Iglesia.** Predominó entonces una **agricultura extensiva,** con poca **mano de obra,** aumento de la **producción,** mercado de trabajo abundante y **fuerza de trabajo** formalmente libre. Fue el nacimiento del **proletariado,** la **clase** de los **obreros asalariados,** que se formó a partir de los campesinos y colonos desocupados y sin tierras, y de los **artesanos** quebrados por la **competencia** capitalista. Todos ellos pasaron a ser jornaleros y **asalariados.** La **burguesía** capitalista se formó, en parte, en base al enriquecimiento de los **arrendatarios** que -como pagaban una **renta** fija- acumularon tierras y **ganancias.** Además, vendían los productos a un creciente **mercado interno.** La otra fuente de formación de la clase capitalista fueron los **comerciantes** que, comprando barato y vendiendo caro fueron también acumulando riquezas (ver **mercantilismo).** Contra lo que comúnmente se piensa, Marx plantea que el capitalismo es el sistema que más atentó contra la **propiedad privada,** fruto del trabajo propio. LA AO previa al capitalismo (de la cual forma parte importantísima la conquista de **América)** se sustentó en la conquista, la esclavización, el robo y el asesinato, la violencia, en una palabra. La AO es el proceso histórico de disociación entre el productor y los medios de producción: es la destrucción de la propiedad privada basada en el trabajo propio.

Agentes económicos: Cualquier ente o unidad económica que realice actividades económicas. Los AE pueden ser personas y **familias (consumo),** **empresas (producción)** y el **gobierno.**

Agrario: Relativo a la actividad de **explotación** de la **tierra** (**agricultura**), la actividad **pecuaria** (**ganadería**) y la **forestación** (**silvicultura**).

Agregados monetarios: Denominación general de los distintos instrumentos que representan al **dinero** en sus diversos estados de **liquidez**. En particular, ver las entradas **M1, M2 y M3.**

Agrícola: Relativo a la **agricultura**.

Agricultura: Actividad humana productiva consistente en la combinación de la **energía** del hombre y la **tierra**.

Agroindustria: Conjunto de actividades que transforman las **materias primas** en **bienes de consumo** o alimentos.

Agropecuario: Todo lo vinculado con la **agricultura** –"agro" – y la **ganadería** –"pecuario" –.

Ahorro (S): Consumo diferido en el tiempo. En el corto plazo, el A significa que una parte del **ingreso** de las **familias** no será consumida inmediatamente. También puede definirse como lo que queda una vez que restamos los consumos o **gastos** a los **ingresos**. Se puede ahorrar o acumular en **dinero**, activos o **capital humano. A externo:** Saldo en cuenta corriente de la **balanza de pagos**: **exportaciones** e **importaciones** menos pagos de **intereses** y servicios **financieros**.

Ajuste: Restricción de **gastos** de la economía nacional con el objetivo de frenar la **inflación**, el **déficit** de la **balanza de pagos**, el **déficit fiscal** u otro desequilibrio **macroeconómico**. En general, los A afectan a los **salarios**, el **empleo**, el **consumo** y el **gasto social** y suelen ir acompañados de una **devaluación**. Suele distinguirse al A de la **estabilización**, en tanto el primero tendría un carácter más estructural.

Amortización: Cálculo del desgaste que sufren distintos **activos** (máquinas, herramientas, edificios, etc) en el **proceso** de **producción**. Refiere también a la recuperación del **capital** invertido en una **empresa**, siendo en este caso una **A del capital**. Un tercer significado refiere a la A como al pago gradual de una deuda.

Aparato productivo: Conjunto de las unidades productivas. Este aparato genera **flujos** reales (de **bienes y servicios**) y nominales (que tienen que ver con los **ingresos** que distribuye el **sistema** económico).

Apertura de la economía: Grado en que una **economía** nacional establece límites a la entrada de **capitales** y **mercancías** extranjeras. El **librecambismo** favorece la AE, mientras que el **proteccionismo** la desalienta. Una de las herramientas que la regulan es la **política** arancelaria: por ejemplo, a menos **aranceles** a la **importación** corresponde una mayor AE.

Apreciación: Incremento en el **valor** de un **activo. A monetaria:** Situación equivalente a una **revaluación**, pero en el marco de un **sistema** de **cambios flexibles.**

Arancel: Impuesto, tarifa o derecho de **importación** que el **gobierno** exige a los **productos** extranjeros con el objeto de elevar su **precio** de venta en el **mercado** interior, y así proteger los productos nacionales para que no sufran la **competencia** de **bienes** más baratos. **A externo común: Impuesto** a las **importaciones** de **bienes** provenientes de terceros países cobrado por un conjunto de países que forman una **unión aduanera.**

Auge: Una de las cuatro fases del **ciclo económico**, la de mayor nivel de actividad económica. Por extensión, el momento de mayor esplendor de algo. Sinónimo: *boom* **económico.**

Autarquía: Capacidad que tiene un país de autoabastecerse, sin recurrir a **importaciones** u otro tipo de asistencia exterior. Mientras que la A es propia de organizaciones dependientes de otras, la **autonomía** es característica de una organización independiente.

Autogestión: Administración de una **empresa** por sus propios **trabajadores.** Pierre **Proudhon** fue uno de sus impulsores. Yugoslavia durante su etapa no **capitalista** desarrolló esta forma de **producción.**

Automatización: Implementación de medios técnicos o automatismos para el logro de operaciones productivas continuas y repetitivas, con un mínimo de control y poca o nula intervención de **mano de obra,** con la intervención de maquinaria con alta **tecnología** –por ejemplo, robots-, procedimientos automáticos y alto rendimiento. La A produce un aumento de la **productividad** y una baja de **costos,** aunque es considerada como una de las **causas** del aumento del **desempleo.**

B

Balanza de pagos: Parte de las cuentas del **Estado** que contabiliza los pagos de las transacciones económicas de personas o **empresas** residentes en un país y los **ingresos** provenientes de los no residentes o residentes en el extranjero. La diferencia existente entre ingresos y pagos determina el saldo, que puede ser superavitario o deficitario. Se compone de: 1- **B comercial,** que mide la diferencia entre los **ingresos** provenientes de las **exportaciones** de **mercancías** y los egresos en concepto de **importaciones**. La BC es favorable, superavitaria o activa cuando se exporta más de lo que se importa; en caso contrario es desfavorable, deficitaria o pasiva, 2- **B de movimientos de capital**, que registra las entradas y salidas de **capital**. Se incluyen aquí **inversiones** directas, de cartera, **créditos** comerciales y **créditos** financieros. Las operaciones se consideran de largo o corto plazo, 3- **B de servicios**, que contabiliza como **ingreso** lo percibido por **servicios** prestados y como egreso los pagos realizados por servicios percibidos, ambos en relación con el exterior de un país. Se registran aquí: fletes, gastos de transporte, seguros comerciales, movimiento turístico, transacciones gubernamentales, **rentas** por inversiones, patentes, etc y 4- **B de transferencias**, que registra el movimiento de fondos privados y públicos que no tienen contrapartida en **servicios** prestados: **salarios** de trabajadores **inmigrantes**, donaciones intergubernamentales, etc. También existe la **B de transacciones corrientes**: se compone de: a) las **importaciones** y **exportaciones** de **mercancías**, registradas en la **balanza comercial**, b) la **balanza de servicios** (pagos y recibos referentes a **servicios** internacionales, incluyendo servicios de transporte, seguros, turismo, **gastos** del gobierno, etc) y, c) remesas de utilidades y el recibo de **ingresos** de factores (pagos por servicios de naturaleza distinta).

Banca: El conjunto de los **bancos**. La B puede ser pública, privada o mixta. Su función básica consiste en recepcionar **depósitos** y prestar **dinero**, lucrando con la diferencia entre ambas operaciones (la **tasa activa** es superior a la **tasa pasiva**, y ese margen se denomina *spread*).

Bancarrota: Declaración legal que establece la **insolvencia** o incapacidad de pago de sus deudas por parte de una **empresa** o **individuo**. Quiebra que impide continuar con las actividades económicas normales.

Banco: Institución encargada de la intermediación financiera consistente en recolectar el **dinero** (**depósitos**) y convertirlo en **capital** al canalizarlo mediante el **crédito**. Existen B de depósito y descuento –los **B comerciales**–, B de crédito industrial, hipotecarios, **B de inversión**, **públicos** y **privados**, etc. **Banco Central: B** que centraliza y administra el conjunto del **sistema financiero** de un país, noemalmente en manos del **gobierno**. El BC es el responsable de emitir **moneda** y **deuda pública** y de cotejar los niveles de **oferta monetaria**, **crédito** interno, **reservas** y **divisas** de un país. También opera como "**banco de bancos**" y prestamista de última instancia respecto de los **bancos comerciales**. Para la **política monetaria** son vitales herramientas como el **encaje** y el **redescuento**.

Barreras comerciales: Medidas de intervención del **Estado** en el **comercio exterior** con el fin de proteger a la **producción** nacional. El caso típico son los **aranceles** a las **importaciones** de determinados **productos**. Hay BC arancelarias, no arancelarias y paraarancelarias. También hay barreras indirectas, tales como la **devaluación** de la **moneda** local, trabas administrativas, etc.

Base monetaria: Cantidad de billetes y **monedas** emitidos y puestos en circulación por el **Banco Central**, más los **depósitos** de entidades financieras en el **Banco Central**. La BM equivale al **pasivo** del **banco** y se le denomina también **dinero primario**. También llamado **dinero de alta potencia**.

Beneficio: Ganancia; diferencia entre los **ingresos** obtenidos y los **costos de producción** de un **bien** que obtiene un **empresario** en una **economía capitalista**. Definido de diversos modos (una suerte de **"salario"** del **empresario**, un reconocimiento a sus conocimientos, el **interés** del **capital**, la asunción de riesgos, etc), la mayoría de los economistas plantea hoy que el B equivale a la parte del **producto** que queda luego de deducir las **rentas** (pagos al factor **tierra**) y los salarios (pagos al factor **trabajo**). El **marxismo** rastrea el origen del B en la **explotación** de la **clase obrera** por parte de la **burguesía** por medio del mecanismo de la **plusvalía**. En el **feudalismo**, el B era la renta obtenida por el **señor** por la explotación de las tierras del **feudo** que éste recibía (por lo general de manos del **Rey**) a cambio de fidelidad y **vasallaje**. Tipos: 1- **B extraordinario:** B que un **capitalista** obtiene adicionalmente al normal y que se representa como la diferencia entre los **ingresos totales** y los **costos totales** (o bien, por el número de unidades vendidas por el B medio), 2- **B marginal: Ingreso marginal** menos **costo marginal**, 3- **B medio: Ingreso medio** menos **costo medio**, 4- **B total:** Número de unidades vendidas en el **mercado** multiplicado por el **B medio** de cada una de ellas: BT = Q.Bme. También, **ingreso total** menos **costo total**.

Bienes: Medios que sirven para satisfacer una necesidad. Los B pueden ser libres –abundantes y disponibles para todos (como el aire, por ejemplo)– o económicos (escasos). Encontramos **B de capital** o **B de consumo**, **B durables** o **B no durables**, **B intermedios** o **B finales**, etc. Ver también **mercancía**. Algunos tipos de B: 1- **complementarios:** Tenemos dos BC cuando esos **bienes** se consumen conjuntamente. De este modo, una suba (o baja) en el **precio** de uno de ellos, también reduce (o aumenta) la **demanda** del otro. Por ejemplo, *Pepsi Cola* con hamburguesas o café con leche con medialunas. Si el **coeficiente**

de **elasticidad cruzada de la demanda** es negativo, los bienes son complementarios. La situación inversa se
produce en el caso de los **bienes sustitutos, 2- de capital: B** que no satisfacen necesidades inmediatas, sino
que sirven para producir otros bienes
y **servicios** y para mantener o incrementar la capacidad productiva. Lo
constituyen las máquinas, herramientas, edificios y todas las demás cosas durables necesarias para la **producción**. Por ejemplo, un auto usado
como remís es un BDC. Ver también
**medios de producción, 3- de consu-
mo: B finales** que se colocan directamente en el **mercado** y se venden
a personas que los compran para su
consumo inmediato (aunque los hay
duraderos y no duraderos). Por ejemplo, alimentos, vestimenta, libros,
un auto familiar, etc, **4- de demanda
elástica: B** cuya **demanda** varía fuertemente ante cambios en su **precio**,
por pequeños que éstos sean. Por
ejemplo, **bienes de lujo, 5- de demanda inelástica: B** cuya **demanda** prác-
ticamente no varía ante cambios en
su **precio**, por importantes que éstos
sean. Por ejemplo, bienes de primera necesidad, como el pan, **6- de lujo:
B** que no sirven ni como **medios de
producción** ni como medios de subsistencia. Un bien es de lujo cuando
la **elasticidad-ingreso** o elasticidad-
renta de la **demanda** es mayor a 1.
Cuáles son BL y cuáles no es algo relativo: por ejemplo, en **Japón** un celu-

lar con cámara digital no es un BL, en
Haití sí lo es, **7- durables: B** que permiten su utilización en forma prolon-
gada. Pueden ser **B de consumo** (por
ejemplo, una heladera) o **B de capital**
(por ejemplo, una máquina *off set*),
8- económicos: Mercancías o medios
capaces de satisfacer una necesidad
y que, por ser escasos en relación con
la cantidad total deseada, tienen un
precio en el **mercado**. Son BE aquellos por los que hay que sacrificar algo
para tener más de ellos, **9- en proceso: B intermedios** a los que ya se le
ha incorporado cierta cantidad de **trabajo**. Es el caso de la harina utilizada
como **insumo** para hacer pan, **10- finales:** Son los **B** que no sufren ninguna transformación, siendo usados
en el estado en que se encuentran.
Los BF pueden ser, según el uso que
se les dé, **B de consumo** o **de capital**.
Por ejemplo, una manzana para consumir o una máquina para producir,
11- Giffen: B con una **curva de demanda** con pendiente positiva, debido a
un gran efecto-**ingreso**. Se trata de
B inferiores que se compran menos
cuando baja su **precio** y más cuando
éste aumenta. Es el caso típico de los
alimentos de primera necesidad, **12-
independientes:** Dos B son independientes entre sí cuando su **cantidad
demandada** no depende de la variación del **precio** del otro **bien, 13- inferiores: B** cuyo **consumo** disminuye a
medida que se incrementa el **ingreso**.
Cuando el **coeficiente** de **elasticidad**

de la demanda es negativo, tenemos un BI. Por ejemplo, leche de segundas marcas, 14- **intermedios:** Son los B que sufren transformaciones al ser usados como **insumos o materias primas** para la **producción** de otros bienes. Por ejemplo, harina para el pan, una manzana para elaborar helado de manzana, 15- **libres:** B no económicos cuyo **precio** es cero debido a que su obtención no requiere ningún esfuerzo humano o material. Por ejemplo, el aire, 16- **neutros:** B cuyo **consumo** no varía cuando cambia el **ingreso** de las personas, 17- **no durables:** B perecederos, que se deterioran con el paso del tiempo y se extinguen con el uso, 18- **no transables:** B que no es posible exportar. Por ejemplo, un edificio o un servicio de atención médica, 19- **normales:** B cuyo **consumo** se incrementa en forma proporcional al aumento del **ingreso,** 20- **privados:** B que sólo pueden ser consumidos por una persona a la vez, que pueden apropiarse y que tienen un **precio en el mercado.** Por ejemplo, un sándwich o un traje, 21- **públicos:** B a disposición de la **población** que pueden consumirse simultáneamente por todos sus miembros y no tienen **precio,** ya que nadie puede apropiarse de ellos. Por su propia naturaleza benefician a un amplio sector de la población. Por ejemplo, la plaza del barrio, 22- **raíces:** B inmobiliarios, incluyendo tierras y todo tipo de construcción de inmuebles, 23- **superiores:** B cuya

demanda aumenta en una forma más que proporcional al aumento del **ingreso.** Por ejemplo, carne o pollo en relación con arroz o fideos (que serían **bienes inferiores**). Su **coeficiente de elasticidad ingreso** de la **demanda** es positivo, 24- **sustitutos:** Tenemos dos BS cuando esos B compiten entre sí y su **consumo** es indistinto, de manera que –si sube (o baja) el **precio** de uno de ellos, sube (o baja) la **demanda** del otro–. Por ejemplo, *Coca Cola* y *Pepsi Cola*. Si el **coeficiente** de **elasticidad cruzada de la demanda** es positivo, los bienes son sustitutos, 25- **transables:** B que pueden venderse o comprarse en el **mercado interno** o en el **mercado externo.** Por ejemplo, una computadora.

Bilateralismo: Práctica de **comercio internacional** entre dos países. El B se desarrolló fuertemente tras la **Crisis del 30.** Luego de la **Segunda Guerra Mundial,** la creación de la **OECE,** el **Plan Marshall** y el **GATT,** liberalizaron el **comercio** al disminuir las barreras aduaneras y fomentar el **multilateralismo.**

Bimetalismo (siglo XIX): Sistema monetario sustentado en dos metales (oro y plata), cuya relación de **valor** se fija por **ley.** El B aspiraba a resolver **crisis** económicas (como la de 1873), especialmente en **Inglaterra,** pero fue sustituido rápidamente por el **patrón oro** (ver).

Bloqueo: Conjunto de medidas **geopolíticas** y económicas implementadas por un país, con el fin de impedir u obstaculizar el **comercio exterior** de otro. El B implementado por **EE.UU.** contra **Cuba**, por ejemplo, lleva varias décadas.

Bolsa (siglo XV →): Asociación civil o **sociedad anónima** donde se reúnen los operadores para negociar **títulos** o **valores.**

Bono: Título de **crédito** a un determinado plazo, emitido por un **gobierno** o una **empresa**, y que otorga **intereses**, una **renta** fija o derechos sobre las **ganancias** (no así sobre el **capital**, lo que caracteriza a la **acción**) de una **sociedad anónima**. Los B se pueden comprar y vender.

Boom **económico: Crecimiento** económico abrupto. Ver también **ciclos económicos** y **depresión.**

Burbuja especulativa: Situación en que las cotizaciones de las **acciones** de las **empresas** en la **bolsa** son muchísimo más altas que los reales rendimientos de las empresas en la **economía.** Por ejemplo, la **crisis del 30** hizo eclosión cuando estalló una enorme BE.

Bursátil: Referente a la **bolsa.**

C 

Caja de herramientas (Joan Robinson): Conjunto de conceptos, categorías e instrumentos analíticos apropiados para el análisis científico del contenido de lo económico.

Cálculo económico elemental: En una **economía capitalista**, es la diferencia de magnitud entre el monto de **dinero** que da origen al **circuito de producción** y el monto de dinero que el **empresario** retira del **mercado** al finalizar la **fase de venta.**

Calentamiento de la economía: Incremento de la actividad económica más allá de cierto límite deseable, que ocasiona desequilibrios macroeconómicos.

Canasta familiar: Conjunto de **bienes** y **servicios** que necesita una **familia** para cubrir sus necesidades. Es la base para la formación del **índice de precios al consumidor.**

Cantidad demandada: Número de unidades de un **bien** o **servicio** que demandan los consumidores a determinado **precio.**

Cantidad ofrecida: Número de unidades de un **bien** o **servicio** que ofrecen los productores a determinado **precio.**

Capacidad instalada: Máxima cantidad de **bienes** y **servicios** que se puede obtener bajo ciertas condiciones tecnológicas, en una **empresa**, en cierto período de tiempo. La CI no usada es la capacidad ociosa.

Capital: En general, se considera C todo lo que ha resultado del esfuerzo realizado por los hombres en el pasado: las **fábricas**, maquinarias, rutas, etc, y que constituyen el contexto económico en el que se desarrolla el **trabajo** humano. En las primeras sociedades, los C fueron hachas, arcos, etc. Pero con el tiempo, los medios para dominar la naturaleza se volvieron más potentes y eficaces, como producto de la inventiva humana (las **industrias**, medios de transporte, etc.). Esta evolución permitió que el trabajo humano, que utiliza estos medios, sea más eficiente. En el **capitalismo** en particular, la **teoría** económica **clásica** denomina C a uno de los tres **factores de la producción**, consistente en el patrimonio (en **tierras**, maquinarias, **dinero**, etc) que se tiene en **propiedad** y que se invierte para obtener una **ganancia**, **beneficio** o **renta**. Existe un C **usurario** y un C **mercantil**, los cuales obtienen **plusvalía** en el proceso de circulación actuando como intermediarios. Sin embargo, el pasaje de la **sociedad** precapitalista al capitalismo significa la entrada del C en la **producción** y no ya en la circulación. Para el **marxismo**, el C –en términos globales– es trabajo humano acumulado, pero bajo el capitalismo es **propiedad privada** de un **capitalista**, **valor** resultante de la extracción de plusvalía a la **fuerza de trabajo** y que es utilizada por su propietario como **medio de producción** con el fin de proseguir con el proceso de **acumulación**. El C es resultado también del atesoramiento de dinero para producir **mercancías**, con el fin de obtener más dinero o ganancia, es decir, un valor que se valoriza a sí mismo. **Marx** estableció la **fórmula general del capital**: D-M-D´, donde D representa al **C constante** y al **C variable** adelantados por el capitalista, M es la mercancía producida, y D´es el dinero más un plus de valor o plusvalía generado en el proceso de producción por la mercancía fuerza de trabajo. Desde el punto de vista de Marx, el C corresponde al período histórico de la producción capitalista. Estos elementos le permitieron a Marx ver al C, no como una "cosa" sino como una relación social de producción-apropiación, observando además que su reproducción puede ser simple o ampliada. Por otra parte, pudo distinguir entre la **composición técnica del capital** (**capital fijo** y **capital circulante**) y la **composición orgánica del capital** (**capital constante** y **capital variable**). Mientras que para el **liberalismo** y las demás teorías económicas **burguesas**, el C es una de las partes fundamentales de toda **economía**, para el marxismo se trata de una relación social basada en la apropiación ilegítima del trabajo ajeno, siendo el trabajo la única fuente legítima de acumulación. Algunas acepciones de C: 1- **circulante (Adam Smith)**: Parte del **C** invertido por un **empresario** que transmite todo su **precio** o **costo** al precio del producto final. A diferencia de las instalaciones y maquinarias, el CC cambia de forma durante el **proceso de producción**. Las **materias primas** y los **salarios** son ejemplos de CC. En **economía marxista** se habla de **capital variable**, criticando al concepto de CC por confuso y por encubridor del carácter del capital como relación social, 2- **comercial**: Parte del **C** que actúa en la esfera de la circulación y la **distribución**, en el llamado sector **servicios**. La **fracción capitalista** propietaria de CC es la **burguesía comercial**, 3- **constante (Karl Marx): Valor** de los **medios de producción, capital** anticipado que se invierte en la compra de ellos, el CC es uno de los componentes del valor –junto con el **capital variable** y la **plusvalía**-. El CC está formado por las **materias primas, insumos**, maquinarias, edificios, etc, utilizadas para la **producción** de una **mercancía**. A diferencia del C variable, el CC no crea plusvalía, limitándose a mantener su valor. **Marx** sostiene que la tendencia fundamental del **capitalismo** lleva al aumento del CC en detrimento del capital variable, es decir a un aumento de la **composición orgánica del capital**, 4- **de trabajo**: Diferencia entre los recursos de una **empresa** y el **valor** de su **C** inmovilizado, 5- **fijo (Adam Smith)**: Parte del C invertido por un **empresario** que transfiere su magnitud al **precio** a lo largo de una serie de períodos de **producción** (y no en uno solo). Es el caso de, por ejemplo, las maquinarias, instalaciones, patentes, etc, 6- **financiero**: Fusión del **C industrial** y **bancario**. La consolidación del CF es una de las características del **imperialismo** y el **capitalismo monopolista** (ver ambas entradas). El concepto pertenece a la **teoría marxista** posterior a **Marx**. Sus expositores fueron Rudolph Hilferding y V. I. **Lenin**. Autores no **marxistas** utilizan el término identificándolo exclusivamente con la **especulación financiera** o "C especulativo" al que contraponen con el "C productivo". Así, en la **economía neoclásica** se llama CF a los fondos que se utilizan para la compra de C **real**, 7- **físico**: Conjunto de instalaciones, maquinarias y equipos que se utilizan en la **producción**. En **economía marxista** se denomina **C constante**, 8- **golondrina: Dinero** que se invierte a corto plazo alternativamente en distintos países, en busca de rendimientos altos y rápidos, 9- **humano**: Conjunto de habilidades, conocimientos y entrenamientos de las personas para realizar distintas labores productivas más o menos complejas, 10- **Industrial:** Parte del C dedicado a la **producción de mercancías. Marx** sostiene que la **Edad Media** legó dos formas diferentes de C: **usurario** y **comercial.** Cuando se disolvieron los **feudos** y al ser expropiada la **población** rural, el C -acumulado por la **usura** y el **comercio**- pudo transformarse en CI, 11- **mercantil:** Forma de C interviniente en la esfera del intercambio de **mercancías,** propio de las **sociedades** precapitalistas y en especial del período conocido como **mercantilismo.** Su propietario es denominado **mercader.** Es el antecedente del **C comercial,** 12- **social básico: Infraestructura** edilicia, rutera y de instalaciones varias (luz, gas, agua, etc) un país o región, 13- **usurario:** Tipo de C que rinde **ganancias** a su propietario bajo la forma de **interés.** El CU surgió en la **Edad Media,** en el período de descomposición de la **comunidad** primitiva, cuando el usurero comenzó a prestar **dinero a artesanos y campesinos,** con **tasas de interés** altísimas, que terminaban por arruinarlos. Es el antecedente histórico del C de **préstamo,** 14- **variable (Karl Marx):** Parte del C anticipado por un **capitalista,** que se invierte en la compra de la **mercancía fuerza de trabajo,** y cuyo **precio** es el **salario. Valor** de esa fuerza de trabajo, uno de los componentes del valor –junto con el **C constante** y la **plusvalía**-. Del CV surge la **producción** de plusvalía.

Aunque no debe tomárselos como sinónimos, en **economía clásica** se habla de **C circulante.**

Capitalismo: Modo de producción basado en la **propiedad** privada de los **medios de producción,** la libre contratación de **trabajo asalariado,** la extracción de **plusvalía,** la obtención de **beneficios** y la **acumulación de capital.** Mientras que para Marx, lo central del C es la producción de plusvalía –surgida de la **explotación** del trabajo asalariado por parte del capital y no en la esfera del intercambio como sucedía en la sociedad precapitalista–, para **Weber** el elemento más importante del C moderno no es su carácter clasista sino la racionalización de la empresa productiva. Weber describe la "ética protestante" como motor del C. W. Sombart ve al C como un conjunto de valores racionales orientados a la obtención de **ganancia** –el "espíritu capitalista"-. Para J. **Schumpeter** el C es un sistema racional de mercado basado en el "**empresario innovador**". Históricamente, la formación del C está ligada a la llamada **acumulación originaria,** que implicó la separación del productor de sus medios de producción, el apropiamiento en forma de monopolio de esos medios en manos de la **burguesía** y la aparición de una clase social que sólo dispone de la venta de su fuerza de trabajo a esa burguesía para subsistir: el **proleta-**

riado. Si bien se habla de C para hacer referencia al período de transición en que decae el **feudalismo** (en los siglos XIV y XV pueden rastrearse antecedentes en el norte de Italia, Flandes y algunas zonas de la cuenca del Rhin; en el siglo XVI surgió el trabajo a domicilio), la forma capitalista de producción propiamente dicha se consolidó a partir de mediados del siglo XVIII con la Primera Revolución Industrial, cuando se desarrolló el C de libre competencia de raíz liberal, centrado en la ley de la **oferta** y la **demanda.** A partir de la **Segunda Revolución Industrial**, y especialmente desde el siglo XX, predominó el **C** monopolista, con el surgimiento de los *trusts* y la concentración del capital. Desde la **Crisis del 30** y hasta la **Crisis del Petróleo** en la década de 1970, predominó el llamado **C keynesiano**, centrado en la intervención del **Estado** en el **mercado (economía mixta).** Desde entonces, se impuso el **C neoliberal.** Algunas acepciones de C: 1- de Estado: Denominación que refiere a las **economías capitalistas** donde el **Estado** tiene una intervención importante en el **mercado** y la **producción**, desplazando a la mayor parte de los **empresarios** privados en las ramas de producción principales. Por otra parte, algunos autores hablan de CDE para describir al **stalinismo** (soviético y otros), régimen donde una **burocracia estatal** explotaba a la **masa trabajadora** de modo análogo a la **explotación** del **obrero** bajo el **capitalismo.** Sin embargo, la diferencia esencial entre ambos **modos de producción** –uno regido por la **propiedad privada** de los **medios de producción** y el otro por la propiedad estatal- tornan poco instructivo a este planteo, 2- de mercado: Denominación que refiere a las **economías capitalistas** donde el **Estado** no tiene una intervención importante en el **mercado** y la **producción**, y donde rige la **ley de la oferta y la demanda.** También llamado **capitalismo de libre competencia** –modelo ideal del **liberalismo económico**-, su período de auge se dio en el siglo XVIII, pero a mediados del siglo XIX fue superado por el **poder de los monopolios**, 3- monopolista (Paul Sweezy y Paul Baran, 1966): Etapa posterior al C **competitivo** industrial en la que los **monopolios** controlan al conjunto de la **economía** y determinan unilateralmente los **precios.** Sweezy y Baran sostienen que, mientras que en el capitalismo competitivo impera la **tendencia a la caída de la tasa de ganancia**, en el CM la **plusvalía** tiene una tendencia alcista, dado el dominio del **mercado** que los monopolios tienen. El concepto es polémico incluso al interior de los autores **marxistas**, muchos de los cuales rechazan la diferenciación, 4- **monopolista de Estado:** Unión del **capital monopolista** con el **Estado.** Bajo el CME, el Estado pasa a cumplir una función de instrumento de los monopolios y grandes **corporaciones** económico-financieras, garantizando a éstos la **acumulación de capital** y la supresión de competidores serios por medio de contratos y **créditos** de privilegio, reducción o supresión de **impuestos** y **aranceles**, entre otras medidas. Sweezy y Baran han criticado a esta denominación, argumentando que el Estado capitalista siempre es un instrumento del capital (no sólo en la era de los monopolios). En su reemplazo, prefieren hablar de C **monopolista** a secas.

Carestía: Escasez, especialmente de alimentos. También, **inflación** producida en los **bienes** de primera necesidad.

Cártel (fines del siglo XIX →): Acuerdo formal y temporal (lo que diferencia al C del *trust*, de carácter permanente) entre **empresas** de un mismo rubro –las que mantienen su autonomía– para fijar un **precio**, distribuirse el **mercado** y/o limitar la **producción** para -de ese modo- evitar la **competencia**, conformando **mercados monopólicos** u **oligopólicos**. Los primeros C surgieron en **Alemania** y actualmente son un caso paradigmático los C petroleros.

Centralización del capital: Aumento del **capital** originario de una **empresa**, avanzando sobre las empresas de los competidores, a través de los mecanismos de **fusión** y **absorción** o atracción de otros capitales. La CDC implica una redistribución del capital preexistente. Un ejemplo típico es el de las **sociedades anónimas**.

Ciclos económicos: Fluctuaciones periódicas de prosperidad y repliegue en el nivel de la **producción**, el **empleo** y el **ingreso** en una **sociedad** dada. Algunos economistas definen cuatro fases de los CE: **expansión, crisis, depresión** y **recuperación**. Otra clasificación plantea que las cuatro fases se denominan **recesión, contracción**, expansión y **auge**. Y existe una tercera clasificación de CE: **ciclo mayor, ciclo largo** y **ciclo corto**. Los CE están determinados por factores internos (por ejemplo, el nivel de **salarios** y de la **demanda agregada**) y externos (por ejemplo, el **precio** internacional de los **productos** exportables o el endeudamiento externo).

Ciencia económica: Denominación adoptada por los **neoclásicos** para definir a la **Economía** (ver) como disciplina científica, neutral valorativamente y positiva. La CE se postula como una disciplina neutra y pura que estudia la conducta humana como una relación entre medios y fines limitados o escasos y su utilización óptima y eficiente.

Circuito de producción: En una economía **capitalista**, el conjunto de las tres **fases de producción**: compra, **producción** y venta. El CP tiene un **flujo monetario** –dinero- y un **flujo real** –bienes-.

Circulación: **Fenómeno** económico basado en el traslado e intercambio de **bienes** y **servicios**. **Circulación monetaria**: Cantidad de **dinero** que emite el **Banco Central**, del que dispone una **comunidad** en determinado momento. Se diferencia, en este sentido, del **stock** monetario.

Circulante: Parte del **dinero** emitido por el **Banco Central** que está en manos del público. Se compone de billetes y **monedas** y los **depósitos en cuenta corriente** menos el **encaje**.

Coeficiente técnico de producción: Relación que existe entre la cantidad de **trabajo** y la cantidad de cada uno de los **medios de producción** utilizados para elaborar un **bien**. Algunos CTP son variables (por ejemplo, las **materias primas**), y otros son constantes (por ejemplo, las instalaciones físicas de una **fábrica**).

Colectivismo: **Doctrina** que postula la **propiedad colectiva** de los **medios de producción**, subordinando el interés individual al progreso común. En este sentido, varios autores consideran propios del C regímenes y **teorías** diversos, como el llamado **comunismo primitivo**, el **Imperio Incaico**, va-

riantes del **anarquismo**, el **socialismo** y el **comunismo** modernos.

Colusión: Acuerdo entre dos competidores para desplazar del **mercado** a un tercero. La C puede implicar acuerdos de **precios**, cuotas de **producción**, planes de **inversión**, etc. Si esta forma de cooperación se hace formal, la C pasa a denominarse *cartel*.

Comercio: Intercambio de productos por **dinero**. Parte de la **economía** donde se realiza el intercambio y compraventa de **mercancías**. Pertenece al llamado **sector terciario**. **C exterior**: El CE de un país articula **exportaciones** e **importaciones**. Si las exportaciones de **mercancías** y **servicios** superan las importaciones, la **balanza comercial** tiene signo positivo y da **ganancia**, en caso contrario tiene signo negativo y da **déficit**. El CE puede ser bilateral o multilateral. **C interior**: Conjunto de los intercambios comerciales al interior de un país.

Commoditie: **Producto primario** que se vende a granel. Por ejemplo, oro, **petróleo**, café, etc.

Competencia: Rivalidad producida en el **mercado** entre los **capitalistas** en pos de maximizar sus **ganancias**. El desarrollo del **capitalismo** fue mostrando el pasaje creciente de la **libre C** a la **C monopólica**. Acepciones de C: 1- **imperfecta (neoclásicos)**:

Mercado donde actúan grandes **empresas** (**sociedades anónimas**, *cartels*, **monopolios, oligopolios**), **corporaciones** y el **Estado**, distorsionando el libre juego de la **oferta** y la **demanda** propio de la **C perfecta**, y fijando **precios**, niveles de **tecnología** y **normas de producción**, con la existencia de un solo **producto** en su caso extremo. Para los **neoclásicos**, la CI es un desvío de ese **modelo** ideal. Sin embargo, es lo que se impone en la realidad, 2- **monopolística**: Situación de **mercado** donde existen muchos vendedores pero cada uno de ellos es capaz de diferenciar sus **productos** (por ejemplo, por medio de la publicidad) del fabricado por sus competidores, actuando de hecho como monopolista de una marca. Así, cada **empresa** guarda exclusividad sobre el producto que vende, es el único oferente de ese **bien**, aunque éste tiene sustitutos cercanos, de similares características. Por ejemplo, pequeños **comercios**, como almacenes, peluquerías, consultorios médicos, etc, 3- **perfecta (neoclásicos)**: Situación con un elevado número de compradores y vendedores en el **mercado**, de modo que el comportamiento individual de cada uno de ellos no puede afectar el **precio** de las **mercancías** pues se ofrecen y demandan pequeñas cantidades. La CP requiere libertad total de información, de movilidad de los recursos productivos, sin trabas tecnológicas y donde todos son **bienes sustitutos**. Si bien existió este tipo de mercado en los inicios de la **Primera Revolución Industrial** –con talleres de hasta diez **obreros**– en la práctica, la CP se ha demostrado de cumplimiento imposible, dejando su lugar a la llamada **C imperfecta**.

Competitividad: B. Coriat la define como la capacidad de una **economía** para pagar las **importaciones** necesarias para su **crecimiento** a partir de sus **exportaciones**, lo cual va acompañado de un aumento en el nivel de vida.

Composición orgánica del capital (marxismo): Proporción o participación del **capital constante** en el **capital** total. Cociente entre el capital constante dividido el capital constante y el **capital variable**, esto es, COC = CC / CC + CV. Representa una medida de la amplitud en que el **trabajo** vivo (capital variable) es provisto de **medios de producción** (materiales, instrumentos y maquinarias en el **proceso** productivo). También puede ser visto como la relación existente entre lo que un **capitalista** invierte en **tecnología** y aquello de que dispone para pagar **salarios**. La COC aumenta en el largo plazo por factores como el aumento en el gasto en **tecnología** que el capitalista se ve forzado a hacer por la **competencia** (que es mayor que lo que paga por salarios) y el aumento de la **productividad** del trabajo. Todo este proceso en definitiva deriva en una **caída de la tasa de ganancia** (P / CC + CV). De este modo, la COC es un elemento clave de las **crisis** de **acumulación de capital**. No obstante, el aumento de la **tasa de plusvalía** (P / CV) puede neutralizar el aumento de la COC. Veamos un ejemplo: 1- si tenemos = CC 100 + CV 100 + P 100, la COC es 50 % y la tasa de ganancia es de 50 %, 2- si como resultado de esa acumulación de capital, ahora tenemos = CC 200 + CV 100 + P 100, la COC pasa a ser de 66 % y la tasa de ganancia cae al 33 %, El ciclo recomienza cuando la dinámica de la acumulación de capital obliga al capitalista a invertir más en tecnología (CC) que en salarios (CV).

Composición técnica del capital: Proporción en el **capital** total de **capital fijo** y de **capital circulante**. Mientras que los **clásicos** sólo reconocieron a esta categoría de capital, **Marx** la distinguió de la **composición orgánica del capital** (ver).

Concentración del capital: Absorción de la **acumulación de capital** por parte de las **empresas** más fuertes. La **competencia** obliga a los **capitalistas** a aumentar la **eficiencia** y la **inversión**. Esto lleva a que sólo sobrevivan los más fuertes, quedando unos pocos capitalistas con la mayor parte del capital. La CDC ocurre cuando se amplía la escala productiva y el mis-

mo capital diversifica sus fuentes de **beneficio**, ampliando una **fábrica** con un **comercio**, abriendo una fábrica integrada a otra anterior, etc.

Concentración horizontal: Conjunto de entidades de una misma actividad productiva que se unifican, para controlar una fase de la **producción**, favoreciendo la organización de la misma y la reducción de **costos**.

Concentración vertical: Proceso por el que una misma **empresa** se dedica a varias fases de la **producción**, ocupando una posición monopólica: por ejemplo, obtención de **materias primas**, su **industrialización** y su comercialización, con el fin de reducir o anular los gastos de intermediación.

Condición de equilibrio en una economía abierta: I + G + X = S + T + M, es decir = Total de entradas (**Inversiones + Gastos del gobierno + exportaciones**) = Total de salidas (**Ahorro + impuestos + importaciones**).

Confiscación: Incautación, transferencia de **bienes** privados al **Estado**. A diferencia de la **expropiación**, en la C no existe **indemnización**. Por ejemplo, la **Revolución Francesa** confiscó la **tierra** de los **nobles** y la **Revolución Rusa** hizo lo propio con las **empresas** en **propiedad** de la **burguesía**.

Consumo (C): Último eslabón del circuito económico consistente en la satisfacción de necesidades (individuales o productivas) por medio del gasto en **bienes** y **servicios** y su utilización. El C está íntimamente relacionado con el **ingreso**.

Contracción: Achicamiento en el volumen de la actividad económica. Fase de **depresión** del **ciclo económico**. La C puede producirse en una o varias **variables** tales como la **demanda**, la **oferta**, la **inversión**, el **consumo**, etc.

Control de cambios: Límites impuestos por el **Estado** a la compra y venta de **divisas**, con el fin de impedir la libre **convertibilidad** y evitar o corregir una **balanza de pagos** deficitaria por medio de la retención de éstas. El CC implica también que las divisas se cotizan según una paridad fijada y no de acuerdo con su valor internacional real.

Control de precios: Fijación estatal de **precios** máximos con el objetivo de frenar la **inflación**. El CP es una práctica criticada por generar condiciones que favorecen la **escasez de bienes** y **servicios** y la **especulación** en un **mercado negro**.

Convertibilidad: Compromiso estatal de cambiar la **moneda** nacional por oro u otra **moneda** aceptada internacionalmente (como el **dólar**) a un tipo de cambio único (aunque no necesariamente fijo).

Cooperación simple (Karl Marx): Primer estadio de la **producción capitalista** o etapa de la **manufactura** más simple, es decir, de la producción manual que sólo se distinguía de la **artesanía** en el mayor número de **obreros** que utilizaba en forma simultánea un capitalista. En la CS cada trabajador realiza su **trabajo** en forma independiente de los demás, cumpliendo con todos los pasos hasta llegar al **producto** final, aunque están reunidos en un mismo lugar. Se trata, de este modo, de la fase inicial de la manufactura, cuando ésta aún no se había impuesto sobre el artesanado. La CS implica la reunión en un mismo lugar de trabajo de un **grupo** grande de obreros (muchos de ellos ex **artesanos**) para realizar tareas semejantes, coordinadas en base a un plan predeterminado. En la CS, el **capital** ya actúa en gran escala pero la **división del trabajo** y la maquinaria están poco desarrolladas. Proveniente de los sectores más prósperos de los finales del **feudalismo** (**mercaderes**, banqueros, navegantes, **señores** conquistadores de **tierras**) este sector capitalista incipiente proveyó la organización y se apropió de los **beneficios** productivos emergentes del hecho de que todos trabajaban en un único lugar, en vez de estar dispersos. Un ejemplo de CS es la reunión de varios telares en un solo taller, sin dividir el trabajo entre ellos, produciendo todos el mismo tipo de **mercancía**. El oficio y la destreza del **obrero** era la base de este **proceso** de **trabajo**. A esta etapa le sucedió la fase de la manufactura avanzada, cuando el trabajo se parcela y especializa.

Cooperativismo (fines del siglo XVIII): Doctrina que postula la formación de sociedades **cooperativas** de **producción**, que tuviesen en **propiedad** los **medios de producción** y se sostuvieran por sus propios medios. El C surgió históricamente con los pensadores del **socialismo utópico**, como Robert **Owen** y Charles **Fourier**, quienes lo concibieron como una forma de paliar la **explotación** brutal a la que era sometida la **clase obrera** en la **Revolución Industrial**. Nacidas en **Inglaterra**, entre sus principios, el C reivindica la adhesión voluntaria, la **democracia** interna, la participación de todos sus integrantes en las **ganancias**, entre otros. Además de C de producción, existen C de **consumo**, C de **crédito** y C **agrícolas**.

Costo: Suma de los desembolsos en **insumos, salarios, beneficios, rentas e intereses** necesarios para llevar a cabo el **proceso** de **producción**. Acepciones de C: 1- **C-beneficio:** Cálculo de los **beneficios** posibles del desarrollo de una actividad como porcentaje estimado en función de los C, 2- **de capital: Tasa de interés** o **rentabilidad** que se deja de percibir al no destinar el **capital** a un uso alternativo, 3- **de factores:** Exclusión en la contabilidad de los **impuestos indirectos**, 4- **de oportunidad:** Alternativa que se debe dejar de lado con el fin de obtener otra. Elección de un **individuo** que implica el descarte de una opción considerada peor. Máximo **ingreso** que puede producir un **bien** o **servicio** en caso de ser utilizado para otros usos distintos del uso corriente, 5- **de producción:** Suma de los **costos** que se realizan para producir una **mercancía** tales como **salarios, insumos** y **depreciación** de máquinas, 6- **de reposición:** Precio de mercado a pagar para reponer una **mercancía** o **materia prima**, 7- **de vida:** Ver **índice de precios al consumidor**, 8- **fijo: C** constante, que no depende del volumen de la **producción**, que existe aún cuando ésta sea igual a cero. Por ejemplo, pagar el alquiler del local donde están las máquinas, 9- **laboral:** Gasto realizado por el **empleador** en concepto de remuneración del personal, incluyendo **salarios** y **cargas sociales**, 10- **marginal (neoclásicos): C** que tiene lugar cuando se produce una unidad adicional de un **producto**. Es el cambio del **C total** cuando aumenta la **producción** en una unidad. El nivel ideal de producción se alcanza cuando el C que se necesita para producir una unidad más es igual al del **ingreso** que representa, 11- **medio: C de producción** de una unidad en promedio. Resulta de dividir el **C total** sobre el número de unidades producidas o **producción** total. También llamado **C unitario**, 12- **mínimo:** El menor **C unitario** que puede obtenerse, 13- **total:** Suma de los **C fijos** y **variables** de **producción**, 14- **unitario:** Ver **C medio**, 15- **variable: C** que varía según la cantidad producida. Por ejemplo, **salarios** e **insumos**. También, **C total** menos **C fijo** (que es su opuesto).

Crac: **Quiebra, bancarrota.** Abrupta caída en la cotización de la mayor parte de las **acciones** que intervienen en una **bolsa.**

Crawling peg: **Política económica** consistente en un régimen cambiario que acompaña el ritmo de la **inflación.** Por ejemplo, hay *CP* cuando el **gobierno** interviene en el **mercado** comprando y vendiendo dólares hasta conseguir el nivel deseado del **tipo de cambio.** Adopta la forma de mini-devaluaciones periódicas programadas.

Crecimiento: Aumento contínuo de la **producción de bienes** y **servicios** en una **sociedad** dada, en un período determinado. Si el C va acompañado de una mejora en el nivel de vida de la **población,** se habla de **desarrollo.** El C sin desarrollo es típico de los **países subdesarrollados** (ejemplos

paradigmáticos: **India** y **Brasil**). **C de la productividad:** Tasa de incremento de la **productividad** de un período a otro. Así, si medimos el **índice** de productividad del **trabajo** con valores 100 en 2004 y 103,4 en 2005, tendremos un CP anual de 3,4 %.

Crédito: Obtención del **préstamo** de una cantidad de **dinero** a cambio de su devolución con **interés** en un plazo determinado. La principal función del C es la de financiar la **producción.** Quien lo concede se denomina prestamista y quien lo recibe, prestatario.

Crisis: En **Economía,** fase del **ciclo económico** donde cesa la **expansión** dando lugar a la **depresión** y la **recesión.** Se caracteriza por la caída de los niveles generales de **demanda, producción, empleo, precios, crédito,** confianza, etc. Para el **monetarismo,** la C se origina en factores monetarios o financieros: la C se explica por las políticas de los **bancos,** cambios en la disponibilidad de oro o en las **tasas de interés,** etc. La idea es que en la etapa expansiva de la economía se produce **inflación** y ello hace que se consuma menos, por lo que caen los **precios** (deflación) y las ventas, hasta que ciclo se reinicia. Las teorías de la **sobreproducción** o **subconsumo** plantean que el **sistema** produce más de lo que la gente puede comprar o se consume menos de lo que se produce, luego de un período de **auge** donde hay una **oferta** de **bienes** inferior a la **demanda**. El **keynesianismo** se apoya en esta visión, que vincula **inversión** con **consumo**. Para otra **teoría**, la C se produce por innovaciones tecnológicas: la C se da cuando los **empresarios**, por querer ganar más, invierten en **tecnología**, lo que hace que la expansión económica sea desmedida. Para el **marxismo**, la C es inherente al **capitalismo** y se produce por sobreproducción, en razón de la **tendencia a la caída de la tasa de ganancia**. Acepciones de C: 1- **de sobreproducción:** En el **capitalismo** fue posible por primera vez en la **historia**, lograr una gran **producción**, pero también se produjo una deficiencia de **demanda** (por los bajos **ingresos**, entre otros factores). De este modo, la CS estalla cuando lo que se produce no se vende, provocando cierre de **empresas, desempleo** y **quiebra** de una parte de los **capitalistas**, que son absorbidos por los más poderosos (ver **concentración** y **centralización del capital**). El **marxismo** las considera resultado necesario de la **anarquía de la producción capitalista**, 2- **de subsistencias:** Situación producida en las **sociedades** europeas preindustriales por la **carestía** y **escasez** de alimentos debido a la baja **productividad**. Las CDS producían hambre, miseria, enfermedades y aumentos en la **tasa de mortalidad. C del 30 (1929-1939):** La más grande e importante **crisis** económica mundial del **capitalismo**, conocida como la **Gran Depresión**. Luego de la fase de **expansión** del **ciclo económico** de la década de 1920, la gran prosperidad alcanzada en los países industriales de Europa y en los **EE.UU.** fomentó la ilusión de un progreso indefinido. En este país, el *boom* económico de los años ´20 terminó provocando una saturación en la **producción**, que no sería visto como un problema hasta el estallido **bursátil**. En ese contexto, las cotizaciones de las **acciones** de las **empresas** en la **Bolsa** de Valores de Nueva York no paraban de subir, lo que provocó una estampida de pedidos de **créditos** a los **bancos**, con el fin de adquirir acciones, especulando con que una futura suba enriquezca a los inversores (la mala situación de la Europa de posguerra fue frenando la posibilidad de exportar al viejo continente, lo que derivó en una importante **acumulación de capitales**, disponible para la **especulación**). Las cotizaciones –como resultado de las compras masivas de acciones- se fueron a las nubes, superando ampliamente la prosperidad real de la **economía**. Sumado a la crisis agrícola (por la reducción de **exportaciones**), hacia mediados de 1929 los banqueros que otorgaron los **préstamos** comenzaron a temer que -ante una caída de las acciones- aquellos que habían pedido créditos no los podrían devolver. Esto llevó a los bancos y al **gobier-**

no a subir la **tasa de interés**, lo que hizo más caro tomar créditos, medidas que despertaron temores de una caída de las acciones. Los tenedores de acciones entraron en pánico y salieron a vender las acciones para anticiparse a la caída en su cotización, de modo que -como todos lo hicieron simultáneamente y no hubo casi compradores- los precios de las acciones cayeron en picada (80 % entre 1929 y 1933), provocando la quiebra de los especuladores de la bolsa. El día que estalló la Bolsa de Nueva York, el 24 de octubre de 1929, se pusieron a la venta casi trece millones de acciones, casi sin compradores. Al no poder los accionistas devolver los créditos tomados, quebraron también los bancos prestamistas, quienes –a su vez- no pudieron devolver los **depósitos** a los ahorristas, provocando la quiebra de éstos. Como resultado de todo ello, el **consumo** se derrumbó y las **mercancías** se acumularon sin poder venderse, lo que hizo que las **empresas** cerraran **fábricas** y se generalizara la **desocupación**, provocando miseria creciente y **recesión**, en tanto que muchos **campesinos** perdieron sus campos hipotecados. El producto bruto norteamericano cayó cerca de un 10%, y la desocupación subió del 5 al 23% (15 millones de personas). Con el estallido de la crisis en 1929, los países se cerraron, quedando afectadas sus producciones (y el agro más que nin-

guna). En los países industrializados un 25% de mano de obra quedó cesante, la producción descendió a un 53% del nivel del año 1929 y el comercio mundial cayó a un 35% de su valor. Como causas de la CD30, los **liberales** –Robbins, por ejemplo– se inclinan por responsabilizar a la Reserva Federal norteamericana por no prevenir que las quiebras bancarias generarían una contracción del crédito, el consumo y la **inversión**. Para los **keynesianos**, el gobierno falló por omisión al no estimular la **demanda agregada**. Y para los **marxistas**, se trató de una **crisis de sobreproducción**, producida por el incremento de la producción **agrícola** e industrial de posguerra en Europa, más el crecimiento sin precedentes de **EE.UU.**, Canadá y Australia. Todo ello en un marco de **salarios** bajísimos para la mayoría de la **población** trabajadora, la que no pudo comprar la **oferta** de mercancías, producida con sus propias manos. La CD30 planteó el giro de la economía mundial desde el **capitalismo liberal**, partidario del **libre mercado** y el **librecambismo**, hacia el **capitalismo keynesiano, proteccionista** y con fuerte intervención del **Estado. C del Petróleo (1973-1974):** Cuando en 1973 recrudeció el viejo conflicto del Medio Oriente, produciéndose un nuevo enfrentamiento armado entre Israel y los árabes, estalló la CDP, iniciada con un embargo llevado a cabo por los países árabes productores de petróleo –miembros de la OPEP, que además veían recortadas sus **ganancias** por la **devaluación** del dólar– contra los países occidentales que habían apoyado a Israel en el conflicto armado. La CDP encareció el precio de los combustibles y obligó a buscar nuevas fuentes de energía. Esto afectó enormemente a los países importadores de petróleo, que debieron aumentar los precios de los **productos**, profundizando la **inflación** y la **recesión**. La **producción** industrial cayó en dos años un 15 %, afectando especialmente a las industrias automotriz, siderúrgica, petroquímica, aeronáutica y de construcción. Muchas industrias y **bancos** quebraron y los países periféricos también resultaron afectados. Así, a mediados de los '70, entraba en crisis el modelo **capitalista keynesiano** y fordista, centrado en la combinación del **Estado interventor** y la **empresa** privada (lo que se llamó "economía mixta"), la disponibilidad de energía barata (en especial, petróleo), **pleno empleo** (o **subsidios**) y el fomento de la **demanda** desde el Estado. Se abrieron las puertas para la aparición del **neoliberalismo**.

Cuasidinero: Activo **financiero** con alta **liquidez**, es decir, que se puede convertir rápidamente en **dinero**. Los **depósitos** de **ahorro** y a plazo y los **bonos** y letras del tesoro nacional son ejemplos de C.

Cuenta corriente: Parte de la **balanza de pagos** que incluye las **importaciones** y **exportaciones** de **mercancías**, los **servicios** (transportes, **seguros**, viajes, **rentas** de **inversión**, etc) y las transferencias unilaterales corrientes (**públicas** o **privadas**). Esta cuenta registra **déficit** cuando los **gastos** superan los **ingresos** (un aspecto central de esto se produce cuando las importaciones superan las exportaciones). El **superávit** define la situación inversa (y deseable).

Cuenta de capital: Parte de la **balanza de pagos** que registra el movimiento de **capitales** genuinos con el exterior: los **ingresos** y **gastos** efectuados en la compra y venta de **acciones**, **bonos**, **propiedades** inmobiliarias, etc.

Cuentas nacionales: Conjunto de normas, procedimientos y convenciones destinadas a medir los agregados y **variables** económicos reflejando la **producción**, **distribución** y **consumo** de los **bienes** y **servicios** en una **sociedad** dada.

Curva: Gráfico que relaciona dos coordenadas, **abscisa** y **ordenada**, que representan distintas variables. Las C establecen los cambios cuantitativos de una **variable** frente al aumento o disminución de otra. Algunos tipos de C: 1- **de demanda:** C que expresa la **cantidad demandada** (abscisa) para cada **precio** (ordenada). Tiene pendiente negativa y analiza el comportamiento de los compradores relacionando la cantidad demandada de un **bien** con su precio: a menor precio, mayor **demanda**, 2- **de demanda agregada:** La CDA muestra la relación existente entre el nivel de **precios** y el nivel de **gasto** de la **economía**, suponiendo todos los demás factores constantes. Influyen sobre ella la **oferta monetaria**, el **gasto público** y las **exportaciones**, entre otros factores, 3- **de demanda de dinero:** Relación entre la tenencia de **dinero** y la **tasa de interés**. Cuanta más alta sea la tasa de interés (y el interés de los **bonos** y otros **títulos**) menor será la cantidad de dinero demandada, 4- **de demanda de inversión (John M. Keynes): C** que vincula la **inversión** con la **tasa de interés** en términos inversos: a mayor tasa de interés, menor inversión y viceversa, 5- **de demanda del mercado:** Suma horizontal de las C **de demanda** de todos los consumidores, 6- **de Laffer (Arthur Laffer, década de 1980): C neoclásica** que relaciona la recaudación de **impuestos** por parte del **Estado** con el nivel impositivo. La CL plantea que cuando el nivel de impuestos supera cierto límite, desalienta la **producción** y fomenta la evasión. Fue la base de las *reaganomics*. Tiene forma de "U" invertida, 7- **de Lorenz:** Gráfico que se utiliza para mostrar las desigualdades en la riqueza. La ordenada muestra las proporciones de la **renta** total y la **abscisa**, los porcentajes de las familias, 8- **de oferta:** C con pendiente positiva que analiza el comportamiento de los productores relacionando la cantidad ofrecida de un **bien** (abscisa) con su **precio** (**ordenada**): a mayor precio, mayor **oferta**, 9- **de oferta agregada:** La COA muestra las distintas cantidades que los productores desean ofrecer de un **bien** a los diferentes **precios**, suponiendo todos los demás factores constantes, 10- **de Phillips (A. W. Phillips, década de 1960):** Instrumento teórico de la **macroeconomía** de inspiración **keynesiana**. La CP vincula altas tasas de **inflación** (ordenada) con bajos niveles de **desempleo** (abscisa), y a la inversa. Esto permitiría que el **Estado** intervenga para reducir el desempleo incrementando la **demanda efectiva**, a costa de elevar –se supone que moderadamente– la inflación. Este esquema fue cuestionado por los **neoliberales** como M. **Friedman**, quien negó la posibilidad de que la CP se mantenga en el largo plazo y sostuvo que la **demanda de trabajo** aumenta la presión sobre los **salarios**, provocando inflación. En el nivel empírico, su base de sustentación quedó deteriorada con la aparición de la **estanflación**, a principios de la década de 1970, por lo que los neoliberales acusaron a los keynesianos de "engordar" artificialmente el **empleo**, provocando una **crisis** generalizada, 11- **IS-LM:** También llamado **modelo IS-LM**, esta C muestra la interacción entre los **mercados reales** (C IS, que determina el nivel de **renta** y está afectada por la **política fiscal**) y los mercados monetarios (C LM, que determina el **tipo de interés** y está afectada por la **política monetaria**). Estos mercados se influyen mutuamente: el nivel de renta determina la **demanda de dinero** (y por lo tanto, el **precio** del dinero o tipo de interés) y el tipo de interés influye en la demanda de **inversión** (y por lo tanto, en la renta y en la **producción** real). De inspiración **keynesiana** pero con elementos **neoclásicos** (hay keynesianos que la critican, como Joan Robinson), en este modelo se niega la **neutralidad** del dinero. El punto E en el que se cruzan las C IS y LM muestra la posición del equilibrio simultáneo en ambos mercados.

D

Default: Incumplimiento en el pago de una deuda, cesación de pagos de un país en relación con sus compromisos con sus acreedores.

Déficit: Situación en que los egresos o pasivos superan a los **ingresos** o activos. Algunos casos de D: 1- **cuasifiscal:** Pérdidas contables del **Estado** no autorizadas por el **presupuesto** nacional, registradas en las cuentas de determinados organismos, como el **Banco Central**, 2- **de la balanza comercial:** Se produce un D en la BC cuando el importe de las **importaciones** es superior al de las **exportaciones**, 3- **fiscal:** Diferencia negativa por exceso de **gastos** sobre los **ingresos** del **sector público**. El **gobierno** puede emitir **títulos** públicos (por ejemplo, **bonos** del Tesoro) y con ellos tomar **préstamos**, obteniendo **dinero** y endeudándose a futuro. Otra opción es aumentar los **impuestos**.

Deflación: Baja persistente y generalizada de los **precios**. Refiere también a una baja en la **masa monetaria** a través de diversos mecanismos (suba de **impuestos**, disminución del **gasto público**, limitación del **crédito**, etc). Efectos: caída en el **déficit** de la **balanza de pagos** (menos **importaciones**, etc), caída de la **producción** y aumento del **desempleo**.

Deflactor del PBI: Índice de precios implícitos en el **PBI** que resulta del cociente entre el **PBI nominal** y el **PBI real** de un mismo año. Registra el **precio** de los **bienes** que se producen en un determinado país y sirve para calcular la tasa de **inflación** de una **economía**.

Demanda: Poder de decisión y de compra por parte de los consumidores de un **mercado**. En general, la D tiene una relación inversa con el **pre-**

cio de un **bien**: a mayor precio menor D y a menor precio mayor D, pero esto no siempre es así. Entre otros factores, dependerá si se trata de una **D elástica** o de una **D inelástica**. Ver también **curva de D**. Las principales acepciones de D son: 1- **agregada:** Suma del **consumo** y la **inversión** privados, el **gasto público** y las **exportaciones. Gastos** totales planeados por las **familias, empresas** y **gobierno**, es decir, el **valor** de los **bienes** y **servicios** finales que desean adquirir en un período de tiempo todos los **agentes económicos**. El gasto o DA equivale al **producto**, al **valor agregado**, al **ingreso** y a la **oferta agregada**. Así, DA = C + I + G + (X – M) = y = OA, 2- **autónoma:** La DA depende del nivel de **ingresos** de otros países, por ejemplo, en el caso de las **exportaciones**. También es el caso del **gasto público**, que depende de una decisión política, 3- **efectiva (John M. Keynes):** Cantidad de **bienes** y **servicios** que la D está en condiciones de pagar. También puede ser vista como la suma de **consumo** más **inversión**, donde el primero depende del **ingreso** ("el consumo es una **función** del ingreso") y la segunda de las expectativas empresariales de **ganancias. Keynes** planteó que la insuficiencia de la DE (situación en la que el **ahorro** supera a la inversión) fue determinante para el estallido de la **Crisis del 30**, 4- **elástica (Alfred Marshall): D** que varía mucho al variar el **precio**. Situación en la que frente a un aumento o descenso de los precios de ciertos artículos corresponden aumentos o disminuciones en la cantidad comprada proporcionalmente mayores. Ocurre generalmente en el caso de los **bienes durables**, como televisores, heladeras, etc. Por ejemplo, si un aumento del precio del 10 % reduce la D en un 20 %, la **elasticidad de la D** con respecto al precio será 2 (20/10). Toda elasticidad que dé un resultado superior a 1 se encuadra dentro de la DE, 5- **final: D** de **bienes** y **servicios** de **consumo** y de **bienes de capital**, 6- **inducida:** La DI depende de los **ingresos** de un país. Por ejemplo, el **consumo** interno y las **importaciones**, 7- **inelástica: D** que varía poco al variar el **precio**. Situación en la que frente a un aumento o descenso de los precios de ciertos artículos corresponden aumentos o disminuciones en la cantidad comprada proporcionalmente menores. Ocurre generalmente en el caso de los **bienes no durables** que satisfacen necesidades primarias, como el pan o la leche: aunque la leche aumente mucho de precio, la D no bajará tanto porque se trata de un bien de primera necesidad. También se da en la D de medicamentos y en los **bienes suntuarios**. Toda **elasticidad** que dé un resultado inferior a 1 se encuadra dentro de la DI, 8- **total (D):** Suma del **consumo** empresarial (Ce) más el consumo de los **trabajadores** (Ct) más la **inversión** (I). D = Ce + Ct + I.

Depósito: Dinero o **títulos** ingresados en los **bancos**. Tipos de D: 1- **a la vista: D** bancario que puede retirarse y transferirse en cualquier momento por medio de **cheques**. Los más habituales son la **cuenta corriente** y la **caja de ahorros**. Junto con el **dinero**, componen el **agregado monetario M1**, 2- **a plazo fijo: D** que sólo puede ser retirado cuando expira el plazo estipulado. Esto los diferencia de los **D en cuenta corriente**, 3- **en cuenta corriente: D** de **dinero** que los ahorristas tienen en los **bancos** y que pueden retirarse en cualquier momento, lo que los diferencia de los **D a plazo fijo. D totales:** Suma de los **D en cuenta corriente, cajas de ahorro** y **a plazo fijo**.

Depreciación: Desvalorización de un **bien** o **activo** producido por el desgaste que causa su uso. La D debe ser tenida en cuenta por el **capitalista** con el fin de calcular la **rentabilidad** del **capital. Depreciación monetaria:** Equivalente a la **devaluación**, pero en el caso de un **sistema de cambios flexibles** (ver).

Depresión: Fase descendente del **ciclo económico** caracterizado por la caída de la **producción** y el **consumo**, el aumento de la **desocupación** y la subutilización de la **capacidad instalada**. Se habla, por ejemplo, de la "**gran D**" producida con la **Crisis del 30**.

Desarrollo: Progreso económico consistente en nuevos y/o más avanzados procesos de **producción**, y una mejora en el nivel de vida de la **población**. El D se caracteriza por **estructuras** productivas tecnológicamente avanzadas y en incesante renovación que permiten un crecimiento autosostenido e independiente. Se manifiesta también en **exportaciones** con alto **valor agregado**, alto **ingreso** *per capita*, baja **desocupación**, etc. De este modo, el D incluye **variables cualitativas**, ausentes en el **concepto** de **crecimiento**, que se rige sólo por **datos** cuantitativos. Así, un país con gran nivel tecnológico pero **salarios** muy bajos, es un país con crecimiento, pero no un **país desarrollado** (es el caso, por ejemplo, de los países del sudeste asiático).

Deseconomía: Costo medio creciente cuando se quiere producir una unidad más de un **producto**. Ver también **economías de escala**.

Desempleo: Situación en que se encuentra la parte de la **población económicamente activa** formada por los que trabajan muy ocasionalmente o que no trabajan en absoluto pero que buscan trabajar. Para los **neoclásicos**, la D es un fenómeno voluntario de los **trabajadores** que no aceptan trabajar por un **salario** al que consideran demasiado bajo. Los **keynesianos**

niegan eso y plantean la existencia de un **D involuntario**, mientras que el **marxismo** sostiene que la D no es un **fenómeno** accidental sino una característica esencial del **capitalismo**, que cumple la **función** de dividir, debilitar y dominar a la **clase obrera**, formando un **ejército industrial de reserva**. Principales casos de D: 1- **cíclico (John M. Keynes)**: Tipo de **D** que se produce cuando existen desajustes en el **mercado** de trabajo a raíz de una **demanda agregada** insuficiente, 2- **en espera**: Tipo de **D** que se produce por la rigidez en los **salarios**, es decir, por la imposibilidad que tienen éstos de ajustarse hasta que la **oferta** de **trabajo** sea igual a la **demanda**. Cuando el **salario real** está por encima del nivel de equilibrio de la oferta y la demanda laboral, la oferta excede a la demanda y, por lo tanto, cada **empresa** racionará los escasos puestos de trabajo. Así, la rigidez del salario real disminuye la tasa de nuevos empleos y eleva el nivel de D, 3- **estacional**: **D** ocasionado por cambios en la **demanda** de mano de obra en distintos momentos del año, 4- **estructural**: Tipo de **D** que se manifiesta cuando los **trabajadores** -por razones de cualificación- no se adecuan a las necesidades de la **demanda** laboral. Los cambios en la demanda se pueden dar por la renovación tecnológica y la automatización siendo, por lo tanto, un proceso de lento cambio, donde la **desocupación** persiste en el tiempo, 5- **friccional (neoclásicos)**: Situación de las personas que se encuentran cambiando de **trabajo** al momento de hacerse un relevamiento estadístico del nivel de **desocupación**. El DF también se produce en el caso de las actividades estacionales. En general, el DF es típico de situaciones donde no hay grandes problemas de **empleo**. Estadísticamente se supone que siempre hay un porcentaje de 4 o 5% de DF. En estos casos se considera que hay **ocupación plena**, 6- **involuntario (John M. Keynes)**: Tipo de **D** que se produce cuando los **trabajadores** desean emplearse al **salario** vigente en el **mercado** y no encuentran empleo. Criticando la visión **neoclásica** del fenómeno de la **desocupación** (por ejemplo, era evidente que el D producido tras la **Crisis del 30** no era voluntario), **Keynes** planteó que el DI se produce a partir de una insuficiente **demanda efectiva**, 7- **oculto**: Situación de las personas que no buscan **trabajo**, pero que lo harían si las condiciones fueran más propicias para encontrar uno. Quienes entran en esta categoría no son incluidos en la **población económicamente activa** y -por lo tanto- no son considerados desocupados, 8- **voluntario (Arthur Pigou)**: Según los **neoclásicos**, el **D** sólo existe por voluntad de los que no quieren trabajar al **salario** vigente. Así, parte del **D friccional** es voluntario dado que las personas siguen buscando **empleo**, desechando oportunidades de **trabajo** que consideran insatisfactorias.

Desregulación: Conjunto de medidas económicas de orientación **neoliberal** tendientes a una mayor flexibilidad y liberalización de la economía. Algunas de esas medidas son: la **privatización** de **empresas** del Estado, el aflojamiento de los controles estatales sobre los **bancos**, las comunicaciones o los transportes, y mayor libertad de contratación y **flexibilidad laboral**.

Devaluación: Reducción del **valor** de la **moneda** nacional en relación con las cotizaciones de las monedas extranjeras. Dado que la D trae como consecuencias el abaratamiento de las **exportaciones** y un encarecimiento de las **importaciones** (e **inflación**), es utilizada frecuentemente por los **Estados** con **déficit** en su **balanza de pagos**. La D favorece a los **capitalistas** internos exportadores y perjudica a los **trabajadores**, ya que también va acompañada de un deterioro del **salario real**, en especial cuando la **economía** depende de **insumos** importados, que encarecen los productos nacionales.

Dinero: Medio de pago y de cancelación de deudas generalmente aceptado a cambio de **bienes y servicios**. **Mercancía** que opera como equivalente general del **valor**. El que crea D es la autoridad monetaria central de un país, el **Banco Central**. También es un medio de cambio y unidad de cuenta, es decir, denominador común del valor de los demás bienes (equivalente universal), patrón de **precios**, medida de valor y funciona como **reserva** o depósito de valor al conservar el monto de la riqueza que representa. Algunas definiciones de D: 1- **bancario: D** creado en forma de **créditos** por los **bancos**, 2- **barato: D** que se obtiene por medio de **créditos** bancarios a bajo **interés**, 3- **caro: D** que se obtiene por medio de **créditos** bancarios a alto **interés**, 4- **fiduciario: D** producido en forma **monopólica** por el **gobierno. Papel moneda** sin respaldo, pero legalmente reconocido por el **Estado**. Moneda cuya cotización no está determinada por el **valor** del material con la que está hecha, 5- **mercancía: D** que se usa como medio de cambio, además de comprarse y venderse como cualquier **bien**. También refiere a bienes que cumplen la **función** del D y que tienen un **valor** por sí mismos (por ejemplo, la sal en la **Antigüedad**), 6- **negro: D** obtenido por medio de actividades ilegales como el contrabando o la droga, 7- **no fiduciario: D** cuyo **valor de cambio** está determinado por el **valor** del material con el que está hecho. Por ejemplo, puede ser el caso de las **monedas** de oro o de plata.

Dirigismo: Intervención estatal directa en una **economía capitalista**, a través de inversiones y **sustitución de importaciones**. Criticado duramente por los defensores de la **economía de mercado (liberales)**, el D es propio de **gobiernos** de orientación **nacionalista** e industrialista. También son propias del D medidas tales como los **precios** máximos, las retenciones a las **exportaciones**, la protección de ciertas ramas productivas a través de **tipos de cambio** preferenciales, los **seguros de cambio** y los altos **aranceles** a las **importaciones**.

Distribución: Fase intermedia entre la **producción** y el **consumo** o fase de reproducción, consistente en el reparto del **valor** creado en la primera entre las personas o los **factores de producción**. Algunos casos de D: 1- **básica del excedente:** En una economía **capitalista**, es la que se realiza entre **empresarios** y **trabajadores**, dando origen a los llamados ingresos originarios: la **ganancia** y los **salarios**, 2- **complementaria del excedente:** En una economía capitalista, es el reparto de la ganancia entre los distintos sectores de propietarios: empresarios, comerciantes, prestamistas y **terratenientes**, 2- **del ingreso:** Reparto del **producto** de la sociedad entre las personas, independientemente del aporte que cada una haya hecho para la creación de ese producto. En los **clásicos** (**Smith** y **Ricardo**) la DDI se define como la retribución monetaria de las distintas clases sociales. En los **neoclásicos**, en cambio, las clases desaparecen y quienes reciben retribución son los individuos propietarios de determinado factor de la producción.

Distribucionismo: Política económica consistente en distribuir la riqueza social en forma más equitativa, favoreciendo a los sectores más necesitados, pero sin afectar los derechos de **propiedad** sobre los **medios de producción** detentados por las **clases** dominantes. El D es propio de **gobiernos reformistas**, de tipo **socialdemócrata, keynesiano** o **populista**.

Dividendo: Beneficio neto variable que rinden las **acciones** de una **empresa**.

Divisa: Moneda de otro país, y valores y otros efectos comerciales expresados en moneda de otro país (como **cheques, letras**, etc). Son fuentes de D las **exportaciones**, el turismo y las inversiones extranjeras.

División del trabajo: Fragmentación del **proceso** productivo en operaciones específicas realizadas por un solo **trabajador**. La DT permite reducir los desplazamientos entre una operación y otra. La **producción** masiva estandarizada y el desarrollo de **economías de escala** iniciados con la **Revolución Industrial** no hubieran sido posibles sin la profundización de la DT. A. **Smith** describió el ya clásico ejemplo de la fábrica de alfileres, planteando que, en tanto que un **obrero** aislado hubiera podido producir como máximo unos veinte alfileres diarios, la DT fabril en unas dieciséis operaciones permite aumentar la producción enormemente. Así, cita el ejemplo de una pequeña **fábrica** sin maquinaria adecuada, que aplicando la DT entre los obreros fabricó cuarenta y ocho mil alfileres diarios, esto es cuatro mil ochocientos en promedio por cada obrero. La moderna **industria** se asentó sobre estos parámetros, que distinguen a la DT de la división de tareas en las sociedades preindustriales, dado que ésta no aumentaba significativamente la producción sino que servía, más que nada, para establecer distintos **estratos** sociales. Los economistas **clásicos** reivindicaron la DT, señalando que permite: reducir el tiempo de trabajo para producir (aumento de la **productividad**), simplificar el aprendizaje de las tareas, desarrollar la especialización, reducir **tiempos muertos** y **costos** y aumentar las **ganancias**, entre otras ventajas. **Marx** criticó esa lectura, a la que consideró una apología del **capitalismo**, planteando que el fraccionamiento de la labor del obrero constituía un **trabajo alienado** que convierte al trabajador en un apéndice de la máquina y en un instrumento del **capitalista**. Señaló que la división manufacturera del trabajo, típica del **capitalismo**, hace que ningún obrero en forma individual produzca **mercancías**, sino sólo el conjunto de ellos. De este modo, en el capitalismo la **división social del trabajo** (ver) y la DT en la producción se influyen recíprocamente, lo que no sucede en los **modos de producción** anteriores.

División internacional del trabajo: Organización de la **producción** mundial sobre la base de la especialización de cada país o zona en determinado tipo de **productos**, con el fin de facilitar el intercambio internacional. Los defensores de la DIT, como David **Ricardo**, sostienen que los países se dividen entre los que tienen **excedente** de mano de obra y **capitales** (países industrializados, por ejemplo **Inglaterra** en el siglo XIX), y los productores de **materias primas** (en el mismo ejemplo, la **Argentina**), beneficiándose ambos (de acuerdo con la **teoría de las ventajas comparativas**) con el intercambio.

Draw-back: Mecanismo de incentivo a las **exportaciones** consistente en una compensación o descuento en los pagos de derechos aduaneros otorgado por el **Estado** a los industriales que importan **insumos** para fabricar sus **productos** en el país.

Duopolio: Caso extremo del **oligopolio** donde existen dos productores o vendedores que fabrican una misma categoría de **productos**, concentrando más del 90 % de la **capacidad instalada**. Por ejemplo, Coca Cola y Pepsi Cola en el **mercado** de las gaseosas.

Duopsonio: Situación de **mercado** en que un **bien** o **servicio** tiene sólo dos demandantes.

E

Econometría: Fundada en **EE.UU.** en 1931 por el economista noruego Ragnar Frisch, la E es la aplicación a la **economía** de la **estadística** y la matemática. La E desarrolla representaciones matemáticas simplificadas de la realidad.

Economía (siglo XVI →): Disciplina que estudia los diversos modos de **producción**, **distribución** y **consumo** de los **bienes** y **servicios** generados por la **sociedad**. La palabra E es de origen griego y significa "la administración de la casa". Mochón y Beker definen a la E como "la **ciencia** que estudia la asignación más conveniente de los escasos recursos de una sociedad para la obtención de un conjunto ordenado de objetivos", es decir, la "ciencia de la **escasez**". En rigor, esta definición es la predominante en el mundo académico de los últimos veinte años, pero surgió a fines del siglo XIX de la mano de los **neoclásicos**. Esta visión, que deja de lado a la producción, la **historia** y el papel de las **clases sociales**, se concentra exclusivamente en la distribución de un modo sincrónico y tomando al **individuo** como eje central. De hecho, el economista británico Lionel Robbins sostuvo la necesidad de separar la E de la sociedad, proponiendo reemplazar al concepto de E por el de **"ciencia económica"** (ver). Este análisis prescinde por completo de la forma social que asumen la producción y las relaciones de producción, y su incidencia sobre la distribución. Con matices, esta óptica es criticada por la **E clásica** y en especial por el **marxismo**, que surgieron con anterioridad a la **teoría** neoclásica (en este sentido, ver las entradas **E política** y **E vulgar**). Así, M. Dobb describió a la E neoclásica como una apología del capitalismo. En la **Edad Media**, la E formaba parte del **sistema** de **normas** legales y éticas. La **Iglesia**, autoridad dominante, prohibía el enriquecimiento mediante el **comercio** y el préstamo de **dinero**. Dos hechos fundamentales provocaron el comienzo de la ciencia económica: 1- entre los siglos XVI y XVII, Europa comenzó su expansión comercial. La llegada del oro y la plata americanos hizo variar la **teoría** de **precios** vigente y con ello aparecieron las primeras teorías económicas (**mercantilismo** y **fisiocracia**), 2- el **sistema político** medieval fue sustituido por el **Estado nacional** moderno a lo que se sumó luego el proceso de la **Primera Revolución Industrial** (siglo XVIII), surgiendo así el problema de la "riqueza de las naciones", que sienta las bases de la E clásica, con Adam **Smith**. En el siglo XIX, y al calor de la **Segunda Revolución Industrial**, surgen otros clásicos -David **Ricardo** y Karl **Marx**-. Como respuesta a éstos, aparecen los ya mencionados neoclásicos. Ya en el siglo XX, la **Crisis del 30** es el momento de la irrupción del **keynesianismo**. Algunas acepciones de E: 1- **abierta: E** que hace transacciones con otros países, 2- **cerrada: E** autosuficiente que no hace (o lo hace muy escasamente) transacciones con otros países, 3- **clásica (siglos XVIII-XIX): Doctrina** económica -la primera del **capitalismo** en sentido estricto- surgida en el marco de la **Primera Revolución Industrial**. En la escuela clásica se diseña un **discurso** económico que parte de un **individuo** racional autónomo y en donde: **división del trabajo, productividad, trabajo**, la relación **producción-consumo**, la **ley de la oferta y la demanda**, la **teoría del valor**, la **distribución** en el marco del **libre mercado**, el **pleno empleo** y la no intervención del **Estado** en la E forman el cuerpo teórico fundamental. Con los clásicos surge la **E política** como disciplina teórica. Reconocen en el capitalismo a un orden natural y armónico (más en **Smith** que en **Ricardo**) que no se debe violentar.

David Ricardo y Adam Smith son los teóricos más representativos. La crítica a la EC es el punto de partida del **marxismo**, 4- **de escala: Ganancias** obtenidas en la **producción** o en los **costos** vinculados al volumen de **producción** de una **empresa**. Una EE implica altos volúmenes de producción en plantas productoras de gran tamaño. Por ejemplo, hay EE cuando a una duplicación de la producción le corresponde un aumento de costos menor al doble, dado que los **costos fijos** se distribuyen entre una mayor cantidad de unidades productivas., 5- **de la demanda (1936 →):** Enfoque **keynesiano**, que plantea que la **demanda** es el motor de la **E**, 6- **de la oferta (década de 1970 →):** Enfoque de la **microeconomía** basado en el aumento de la **producción** a partir del estímulo a la actividad privada y la drástica reducción del **gasto público** y las regulaciones estatales. Los **neoclásicos** y **neoliberales** son partidarios de la EDO y plantean una baja de **impuestos** para favorecer la **inversión** (en tanto que el **monetarismo** enfatiza en la necesidad de que haya una **oferta monetaria fija**). Su principal representante es Arthur Laffer, 7- **de mercado:** Modelo económico del **liberalismo económico** (aunque en principio puede hablarse de EM en toda **E capitalista**) que se rige por la **oferta** y la **demanda** de los **individuos** guiados por su propio interés quienes –en pos de maxiimizar sus ganancias– colaboran en beneficio de toda la **sociedad**, debido a la acción de una "**mano invisible**". Así, en la EM los **precios** de los **bienes** y **servicios** se determinan por la interacción de la oferta y demanda, sin interferencia del **Estado**, 8- **de subsistencia: Producción** social orientada a satisfacer el autoconsumo, sin generación de un **excedente**. Un ejemplo típico es la **E** agraria del **feudalismo**, 9- **doméstica:** Dícese del conjunto de personas que habitan un mismo techo y toman decisiones económicas. La **familia** es el caso típico de ED, 10- **emergente: E** de un país poco desarrollado que experimenta un **crecimiento** fuerte y repentino, 11- **informal:** Actividad económica no detectada por los organismos oficiales y que –por ende- no figura en las cuentas nacionales. También llamada **E en negro, E subterránea** o **E sumergida,** 12- **institucional:** Movimiento del pensamiento económico estadounidense asociado a nombres tales como los de Veblen, Mitchell y Commons. Elementos centrales de la EI: la insatisfacción con el alto nivel de abstracción de la **E neoclásica** y en particular con el carácter estático de la **teoría** ortodoxa de los **precios**, una demanda de integración de la **E** con otras **ciencias sociales** (enfoque interdisciplinario), el descontento con el **empirismo** causal de la **E clásica** y neoclásica expresado en la propuesta de investigaciones cuantitativas detalladas y una actitud favorable hacia la intervención esta-

tal. Veblen criticaba de la E ortodoxa las teorías del comportamiento del consumidor y de la **competencia perfecta**. A la EI se la ha conocido también como "**E descriptiva**", 13- **mixta: E** que combina la participación del **Estado** y la actividad privada. En lo particular, se ha llamado EM al modelo **capitalista keynesiano** y **fordista**, centrado en la combinación del **Estado interventor** y la **empresa privada,** 14- **planificada:** Organización general de un plan de **producción** con el fin de satisfacer determinadas necesidades sociales. Hay quienes aplican el concepto de EP a E con un contenido social muy diverso (desde el **capitalismo** al **socialismo**), teniendo en común el activo rol del **sector público**. Por contrasta, otros autores limitan la definición de EP a los países no capitalistas, es decir, aquellos donde no existe una **E de mercado** ni, por lo tanto, una apropiación privada del **excedente**, 15- **política (fines del siglo XVIII →):** Disciplina que estudia las **leyes** sociales que determinan la **producción,** la **distribución** y el **consumo**. Un nuevo método de investigación económica que trata de indagar sobre la **esencia** del **fenómeno**, teniendo en cuenta que la **E** es un **sistema** regido por **leyes** (que los **clásicos** creyeron naturales y eternas), la prioridad puesta en la **producción**, el surgimiento y desarrollo de la **teoría del valor-trabajo**, el análisis del **excedente** económico, la centralidad del largo plazo y la confianza en el equilibrio automático de la E e imposibilidad de una **crisis** general, son las características centrales de la EP burguesa clásica. Aún con sus factores limitantes (tendencia a naturalizar las leyes económicas y a negar las crisis), el **marxismo** ha revalorizado a la EP, planteando que ésta implica la consideración de los factores políticos, históricos e ideológicos vinculados a las **clases sociales** a la hora de estudiar la E, diferenciándose de este modo, de la "E" a secas, que adopta una óptica desde un **individuo** a-histórico. Desde este punto de vista, y con sus diferencias, podemos incluir dentro de la EP a la **fisiocracia**, a la **E clásica** y fundamentalmente al **marxismo**, mientras que la E "dura" es propia de los **neoclásicos**. Esta última, por cierto, es predominante en el mundo académico de los últimos veinte años. De acuerdo con **Marx**, la EP comenzó en **Inglaterra** con William **Petty** y en **Francia** con Boisguillebert y culminó con **Ricardo** y Sismondi en Francia, 16- **social de mercado: Política económica** que combina la regulación estatal con el **libre mercado** y que tiene como postulados centrales la estabilidad monetaria y la lucha contra la **inflación**. La ESM se implementó por primera vez a fines de la década de 1940, tras la derrota alemana en la **Segunda Guerra Mundial**. Uno de sus ejes fue la **cogestión** obrero-empresarial. Se vincula a la ESM con el llamado **"milagro alemán"** o el **"modelo renano de democracia"**, iniciado en 1958 por Ludwig Erhard. En verdad, existen dos acepciones del término: una de ellas, acaba por identificarse con la **E de mercado** a secas (**von Hayek** y **von Mises**) mientras que la segunda plantea un grado mayor de intervención estatal para evitar la formación de **monopolios** y **burocracias** que distorsionen el funcionamiento del **mercado**, garantizando la **competencia**, en un reconocimiento implícito del fracaso del *laissez faire* tradicional, 17- **vulgar (Karl Marx):** Denominación que **Marx** utilizó para describir a la E burguesa posterior a David **Ricardo**. Mientras que la **E política** clásica (especialmente Ricardo) era vista por Marx como científica –visión desinteresada, espíritu crítico, admisión de contradicciones de clase, aunque de un modo simplista y naturalizador– la EV es una mera apología del **capitalismo**, al negarse a investigar las relaciones entre las **clases** en la **producción** y **distribución** de las **mercancías**. Puede decirse que Marx describiría hoy a la mayor parte de los economistas como "espadachines a sueldo" de la burguesía, tal como lo hiciera con los economistas vulgares de su época.

Ecuación cuantitativa (neoclásicos): Relación por la cual, ante un incremento de la cantidad de **dinero**, debe producirse otro equivalente en **bienes**

para que los **precios** se mantengan en el mismo nivel. La EC fue formulada por A. **Marshall** e I. **Fisher** y retomada posteriormente por el **monetarismo**.

Efectos económicos: 1- **E ingreso:** Cambio positivo, negativo o neutro en la **cantidad demandada** de un **bien**, provocado por una modificación en el **ingreso real**, en una situación en que los **precios** de los demás bienes y el **ingreso nominal** se mantienen constantes, 2- **E Olivera-Tanzi:** Incremento de la recaudación impositiva en base a la supresión de la alta **inflación**, 3- **E precio:** Cambio positivo, negativo o neutro en la **cantidad demandada** de un **bien** provocado por una modificación en su **precio**, en una situación en que los **precios** de los demás bienes y el **ingreso nominal** se mantienen constantes, 4- **E riqueza:** Cambio en la **demanda** de un **bien** provocado por una modificación en la riqueza (no atribuible exclusivamente a cambios en el **ingreso real**) en una situación en la que el **ingreso nominal** se mantiene constante, 5- **E sustitución:** Situación en la que –ante la baja en el **precio** de un **bien**– el consumidor opta por éste como sustituto de otros bienes más caros. El ES es –entonces– ese cambio en la **cantidad demandada** (la suba del precio marcará una tendencia inversa).

Eficiencia: 1- **E económica: Produc-**

ción de **bienes** y **servicios** al menor costo, 2- **E marginal del capital** (John M. **Keynes**): Diferencia entre el probable rendimiento de un **bien** de **capital** y su **precio** de **oferta** que influye sobre el nivel de **inversión**. Así, si ese rendimiento probable es mayor que el precio de **costo**, la EMC es más que cero, lo que indica la conveniencia de invertir. A la inversa, si es menor, la EMC es menos que cero, por lo que el **capitalista** no invertirá y pondrá su **dinero** en el **sistema financiero**. Esto implica que la EMC tiene una relación inversa con la **tasa de interés**: a mayor tasa de interés, menor rendimiento probable de los **bienes de capital**, 3- **E técnica: Producción** de **bienes** y **servicios** de alta calidad.

Ejército industrial de reserva (Karl **Marx**): Masa de los **trabajadores** desocupados provocada por la **economía capitalista**.

El Capital (Karl **Marx**, 1867): La obra cumbre del fundador del materialismo histórico. En ella aparecen temas como la **acumulación originaria**, la diferencia entre **valor de cambio** y **valor de uso**, la **plusvalía**, el **fetichismo de la mercancía**, etc. Aunque sólo llegó a escribir una parte del plan original, EC sentó las bases de la **doctrina** económica **marxista**.

Elasticidad (Alfred **Marshall**): Grado porcentual de cambio en una **varia-**

ble (por ejemplo, **demanda**) provocada por un cambio en otra (por ejemplo, **precio**). **Elasticidad cruzada de la demanda:** Variación porcentual de la **cantidad demandada** del **bien i** sobre la variación porcentual del **precio** del bien j. Si la ECD tiene un valor positivo, se trata de **bienes sustitutos** (por ejemplo, jamón y paleta). Si es negativo, se trata de **bienes complementarios** (por ejemplo, jamón y queso). **Elasticidad de la demanda:** Término que describe la sensibilidad de la **demanda** frente a cambios en el **precio** de un **bien**. Ver también **demanda elástica. Elasticidad de la oferta:** Medición de la capacidad de reacción de los productores ante variaciones en el **precio** de un **bien**. Si un precio aumenta la **cantidad ofrecida** sube (y a la inversa). Se calcula como la variación porcentual de la cantidad ofrecida sobre la variación porcentual del precio del bien. **Elasticidad renta de la demanda:** Variación porcentual de la **cantidad demandada** de un **bien** sobre la variación porcentual del **ingreso**. Si la ERD tiene un valor positivo, se trata de **bienes superiores**. Si es negativo, se trata de **bienes inferiores**.

Emisión: Creación de **dinero** por la autoridad monetaria. También es sinónimo de **base monetaria**.

Empresa: Unidad económica de producción de una **economía capitalista**, que se ocupa de combinar los **factores productivos** (**trabajo**, **capital** y **recursos naturales**) –a los que ofrece una retribución monetaria- para producir **bienes** y **servicios** que se venden en el **mercado**, con el fin de obtener un **beneficio** (resultante de la diferencia entre los **ingresos** y los **costos**). Las E pueden ser **privadas**, **públicas** o mixtas. También se puede hablar de E en economías donde no exista la **propiedad privada** de los **medios de producción**, asumiendo características distintas. Hay 1- **E mixtas: E** donde el **Estado** y personas privadas comparten la **propiedad** del **capital**, 2- **privadas: E** cuya **propiedad** del **capital** está en manos de particulares y 3- **públicas: E** cuya **propiedad** del **capital** está en manos del **Estado**.

Empresario: Propietario de una **empresa**, cuyo objetivo es producir **bienes** o **servicios** para obtener una **ganancia**. Para los **neoclásicos**, el E es un **individuo** que organiza y administra la producción, innovando y asumiendo riesgos. En términos **marxistas**, **capitalista**, **burgués**, que tiene en **propiedad medios de producción** y emplea **trabajo asalariado** al que explota extrayéndole **plusvalía**, obteniendo una **ganancia** y acumulando **capital**. **E innovador** (Joseph Schumpeter): De acuerdo con la visión de Schumpeter, figura social clave para el progreso de la **producción**. Esa figura de El era el E individual de la época del **capitalismo de libre competencia**, dispuesto a arriesgar e invertir en **tecnología** nueva.

Empréstito: Préstamo de **dinero** o **títulos** que el **Estado** u otra entidad **pública** pueden obtener de particulares o de otros Estados.

Encaje: Efectivo mínimo o parte de los **depósitos** captados por las entidades **financieras** que el **Banco Central** determina que éstas deben guardar como **reservas** o garantías de sus actividades. Un aumento de los E quita **liquidez** al sistema bancario y esa **escasez** provoca una suba de las **tasas de interés**. El E o E legal no puede ser utilizado por los **bancos** para ningún otro fin.

Equilibrio: El E es toda situación en la que un conjunto de **variables** se interrelacionan sin que haya tendencia a cambio alguno. En la **teoría general de sistemas**, un **sistema** está en E cuando su estado es estacionario. Por ejemplo, el depósito de un baño es un sistema en E. En **Economía**, ver también **teoría del E general** y **teoría de los E parciales**. Algunos casos de E: 1- **de mercado (neoclásicos)**: Situación en que en el **mercado** las cantidades demandadas y ofrecidas son iguales a determinado **precio**, el **precio de E**. El EM se produce, entonces, cuando se igualan la **ofer-**

ta y la **demanda**. Gráficamente, es el punto de intersección de las **curvas de demanda y de oferta**, punto de E donde coinciden el precio y las cantidades ofertadas y demandadas, 2- **macroeconómico**: Objetivo de **política económica** que busca obtener un saldo cero en los sectores fundamentales de la **economía (fiscal**, monetario, externo, etc), 3- **monetario (Irving Fisher)**: Según la **teoría cuantitativa del dinero**, la **economía** se mantiene en un EM debido a que los **precios** se mueven proporcionalmente a la **oferta monetaria**. Esta **teoría** presupone que la velocidad del **dinero** es bastante estable y que, por lo tanto, el **gasto** total estará determinado por la cantidad de dinero.

Escasez: Situación en que la **cantidad demandada** de un **bien** excede a la cantidad ofrecida. La situación de E es relativa, ya que depende de las necesidades de cada época y lugar. Así, en la **Edad Media** no puede decirse que hubiera "E" de electricidad, ya que al ser un bien desconocido no existía su **demanda**. Para la **economía** ortodoxa la **ciencia económica** es la ciencia de la E.

Escuelas económicas: 1- **de Cambridge (Inglaterra, fines de la década de 1870)**: Corriente económica **neoclásica** que centra sus análisis en los deseos de los individuos. En este sentido, la EC sostiene que el **individuo**

evalúa los servicios que le pueden proporcionar los distintos **bienes** y los beneficios que ofrece el **dinero** para decidir qué proporción de bienes y dinero desea. Para cada situación de la **economía** hay entonces alguna fracción del **ingreso** que se querrá conservar en forma de dinero. Sus autores más destacados son Alfred **Marshall** y Arthur Pigou, 2- **de Chicago (EE.UU., mediados del siglo XX →)**: Corriente económica de **ideología neoliberal** o **neoclásica** (influida por **Pareto** y **Menger**) que planteó la necesidad de un retorno al **libre mercado**, denunciando a la **macroeconomía keynesiana**. También en oposición a ésta –concentrada en la **demanda**– la EC postula una **economía** centrada en la **oferta**. Entre sus principales características encontramos una postura metodológica **positivista** y el **monetarismo**, es decir, la prioridad dada a la **política monetaria** por sobre la **política fiscal**. La aplicación de los postulados de la EC terminó erosionando económicamente a regiones como América Latina, trasladando las riquezas desde el sector **público** y las capas sociales mayoritarias hacia grupos **oligopólicos** cada vez más concentrados. En su primera etapa, Frank Knight y Henry Simons fueron sus pensadores más destacados; luego aparecieron las figuras de Milton **Friedman** y Friedrich **von Hayek**, 3- **de la Regulación (Francia, década de 1970 →)**: Corriente económica francesa que –utilizando conceptos de diversas escuelas, entre ellas el **marxismo**– plantea la **regulación** jurídico-institucional de la **producción**, posibilitando el desarrollo de la **acumulación de capital**. Entre sus representantes se destaca Michel Aglietta, quien en 1976 escribió *Regulación y crisis del capitalismo*, 4- **de Lausana (Suiza, siglo XIX)**: Grupo de profesores de la universidad de esa ciudad suiza encabezado por León **Walras** que desarrolló el concepto de **utilidad marginal**, base del **marginalismo**. Ver también **neoclásicos** y **teoría del equilibrio general**, 5- **de Manchester (Inglaterra, 1820)**: Corriente de economistas **liberales** encabezados por **Cobden** y Bright que abogaron por el **librecambio**, 6- **de Viena (Austria, fines del siglo XIX)**: Grupo de economistas **neoclásicos** de la Universidad de Viena, encabezados por Carl **Menger**, Friedrich von Wieser y Eugen von Boom-Bawerk. Con matices (la EV tolera cierta intervención estatal para garantizar la libertad de **mercado**), sus postulados son similares a los de la **Escuela de Chicago**. En la actualidad, su principal representante es F. **von Hayek**. Ver también **teoría subjetiva del valor** y **neoliberalismo**.

Especulación: Compra de un **activo** con la finalidad de obtener una rápida **ganancia** con su venta, en el momento en que sube su **precio**. Algunos autores relacionan la E con la **actividad financiera** contraponiéndola con la **actividad productiva**.

Estabilización: Según la **economía** ortodoxa, la E es un objetivo de **política económica** tendiente a reducir los desequilibrios en la **actividad económica**, buscando mantener **pleno empleo**, estabilizar los **precios** y sostener el equilibrio externo. También se llama E al **préstamo** que los organismos internacionales hacen a países con problemas de **balanza de pagos**, para resolver los problemas de corto plazo. En este sentido, se distingue a la E del **ajuste** (que tiene características más estructurales). Las herramientas centrales de la E son la **política monetaria** y la **política fiscal**.

Estado: La **Ciencia Política** actual define al E como a la **organización** que impone y obtiene acatamiento de la **población** valiéndose del **poder o coerción** y de la **autoridad o legitimidad**. Se plantea que el E es el ordenador de la **sociedad**, encargado de regular los conflictos sociales provocados por el choque de intereses, **valores** y **costumbres**. Como plantea Heller, los orígenes del **E moderno** se ubican en las ciudades-repúblicas italianas del **Renacimiento**. Es allí donde se unificaron y concentraron en el E los ejércitos, la administración, las **leyes**, las atribuciones económicas y la obediencia general. Así, el pasaje

al E moderno consistió en un **proceso** por el que los medios de administración y autoridad -que eran posesión privada- se convirtieron en propiedad **pública**, en favor del monarca absoluto primero y luego del E en sí: poder militar, justicia, administración, comunicaciones, **moneda, impuestos**, etc. Para **Maquiavelo**, *stato* es la organización **política** de un país. Para los **contractualistas** (**Hobbes, Locke, Rousseau**), el E es el resultado del **contrato social** entre los **individuos**. Para el **liberalismo**, el árbitro imparcial entre los individuos iguales. Para **Hegel**, el E es la superación dialéctica de lo particular y lo universal, la realización de la libertad humana. Para el **marxismo**, se trata de un instrumento de la **clase dominante** (propietaria) en la **producción** para oprimir a la mayoría. Su esencia es la existencia de una fuerza armada especial para que la **sociedad** produzca según la necesidad de la clase dominante. **E de Bienestar (1933 →):** Tipo de **E capitalista** surgido tras la **Crisis del 30**. El EB se basó en un **pacto social** entre la **burguesía** y los **trabajadores**, por el cual la **clase** capitalista concedió aumentos de **salarios**, derechos sindicales y mayor estabilidad laboral a cambio de aumentos en la **productividad**, la estatización del **movimiento obrero** y el respeto a la **propiedad privada de los medios de producción** –es decir, el compromiso de no cuestionar las bases esenciales del **capitalismo**- por parte de los trabajadores. El EB fue fundamental para salvar al capitalismo, para lo cual el E puso límites a la propia burguesía en defensa de los intereses generales del **sistema** capitalista. De este modo, la **lucha de clases** en la **producción** quedó relegada a un segundo plano, pasando a ser central el conflicto institucional por la **distribución**. El EB intervino en forma directa en la **economía**, regulando la **oferta** y la **demanda** de **bienes** y **servicios**, logrando incrementar la productividad del **trabajo** (es decir, lo que los **marxistas** llaman **plusvalía relativa**) y de ese modo, incrementar los salarios sin afectar las ganancias. Así, aparecieron las juntas reguladoras, los bancos centrales, etc. Su ejemplo paradigmático fue el *New Deal* ("Nuevo Trato") implementado por F. **Roosevelt** en EE.UU. a partir de 1933, pero su difusión en Europa se generalizó luego de la **Segunda Guerra Mundial**. Hacia principios de los '70, el EB entró en **crisis** al verse debilitadas las bases que justificaran su formación (fundamentalmente la caída de la **tasa de ganancia** y factores anexos como el cese de disponibilidad de **energía** barata, endeudamiento **público**, altos **impuestos** al **capital**, fin del **consenso** de la **clase obrera**, etc). Mientras que algunos analistas identifican al EB con las **políticas económicas keynesianas** que sostuvieron la demanda con el fin de garantizar el **consumo** de una producción creciente -gracias al aumento de la productividad originado en los métodos de trabajo intensivo del fordismo- otros autores focalizan el concepto de EB para referirse a las políticas de provisión de servicios sociales universales a cargo del E, con el fin de cubrir las necesidades básicas de los **ciudadanos -educación**, asistencia sanitaria, pensiones, vivienda, ayuda familiar, **seguridad social**, etc-, y a la responsabilidad del E en el logro de un nivel mínimo de vida, al que se reconoce como un **derecho** social. En este segundo sentido, el concepto se asimila al de E Social. **E interventor:** E que no se abstiene de incidir en el mercado y en la sociedad, y que es activo en la toma de decisiones relativas a aquellos. El EI se desarrolló fundamentalmente a partir de la **crisis del 30**. No debe confundirse al EI con el **E Benefactor**, ya que el primero interviene en la **economía**, sin redistribuir necesariamente los recursos.

Estancamiento: Detención del **crecimiento** económico.

Estanflación: Situación económica donde se combinan el **estancamiento** de la actividad económica (**recesión y desempleo**) con la **inflación**.

Estatización: Transferencia de una **empresa** o sector de la **economía** a manos del **Estado**.

Estructura (Karl Marx): Suma de las

relaciones de producción en una **sociedad**, base real o material sobre la cual se levanta una **superestructura** legal y política, y a la que corresponden determinadas formas de **conciencia** social. En el *Prólogo a la contribución a la crítica de la economía política* de 1859, Marx trató de explicar el funcionamiento de las sociedades con una **metáfora**, analizándolas como si formaran un edificio. Los cimientos del edificio forman la **base** o E, donde se dan todas las relaciones materiales de **producción** y **circulación** (lo que podemos llamar vulgarmente "la economía"). Allí, la **clase** propietaria explota el trabajo de la clase no propietaria. Sobre esos cimientos se construye la **superestructura**, que abarca todas las relaciones no materiales: políticas, represivas, institucionales, legales, ideológicas, culturales, artísticas, etc (en términos vulgares: "la política", "lo jurídico" y "la ideología").

Excedente: En el **capitalismo**, parte de la **producción** total que queda una vez deducida la cantidad necesaria para reproducir y reponer el **trabajo**, las herramientas, las **materias primas** y otros **factores** utilizados o consumidos en el **proceso** de producción. Para los **neoclásicos**, situación en que la **cantidad ofrecida** supera a la **cantidad demandada**. E del consumidor (Alfred Marshall): Diferencia entre lo que un consumidor estaría dispuesto a pagar por una **mercancía** con el fin de satisfacer una necesidad, y lo que efectivamente paga en el **mercado** para no quedarse sin esa mercancía (cantidad que es menor a la primera). De este modo, esa menor cantidad de **dinero** que paga para tener el **bien** representa también la proporción en que el mismo puede ser aumentado sin afectar el **consumo**. El EC permite observar la **curva de demanda** de los consumidores a cada **precio** en que se ofrece un bien. Aunque según los neoclásicos el EC favorece al consumidor, la realidad indica que se trata de un instrumento de manipulación de los precios por parte de los oferentes en situación de **oligopolio** (ver también **ley de utilidades marginales decrecientes**). **E físico de producción:** Sobrante de **mercancías** producidas en relación a la cantidad utilizada como **insumos** para la reiteración del acto productivo. Resulta de restarle a la **producción** total, la reposición de los **medios de producción**.

Exención: Eximición, excepción. Se utiliza en particular para la E de **impuestos**, por ejemplo en el caso del **Estado** que busca estimular la **inversión**, liberando de carga impositiva a determinadas ramas de la **producción**.

Expansión: Etapa de prosperidad de los **ciclos económicos** caracterizada por el aumento de la **producción** y el **empleo**, hasta alcanzar la plena utilización de recursos. La E puede derivar en presiones inflacionarias que lleven a la desaceleración.

Explotación: Relación en la que una de las partes sale ganando a costa de la otra. **Marx** establece que la **E del hombre por el hombre** obedece a determinadas **relaciones de producción** de carácter histórico, basadas en la **división del trabajo**, la **propiedad privada de los medios de producción** y la formación de **clases sociales** antagónicas. En el capitalismo, la E se concreta en el **trabajo excedente**, aquella parte del **trabajo** que el **obrero** realiza en forma gratuita para el **capitalista**. Lo que el **marxismo** impugna no es el maltrato laboral o una **salario** bajo sino la relación social del **trabajo asalariado** en sí, considerando que el capitalista le roba al obrero: éste crea un **valor** y no recibe nada a cambio.

Exportaciones (X): Bienes y **servicios** producidos en un país y vendidos en el exterior. Las E son independientes del nivel de **ingreso** local, dependiendo del ingreso disponible en el resto del mundo y el **tipo de cambio**. **Exportaciones netas: Exportaciones** menos **importaciones**.

Expropiación: Compra compulsiva que el **Estado** le hace a un tercero.

La existencia de una indemnización es lo que diferencia a la E de la **confiscación**.

F

Fábrica (fines del siglo XVIII →): Forma de organización de la **producción capitalista**, caracterizada por el uso de máquinas en un taller, la **energía** no animada, la creciente **división del trabajo**, el **trabajo asalariado** y una rígida disciplina laboral. La F fue quizá la innovación más relevante de la **Revolución Industrial**. El **sistema fabril** desplazó a la **industria artesanal** y a la **industria a domicilio** como forma productiva fundamental.

Factores de la producción: Denominación con que la **economía** ortodoxa designa a los sectores productivos de la economía, cada uno de los cuales tiene determinada **remuneración**. En una economía **capitalista** los factores son: **tierra, trabajo, capital** y **empresa** (algunos agregan la **tecnología**), y sus remuneraciones correspondientes son: **renta, salario, interés** y **beneficio**. Los **insumos** no son considerados FP dado que éstos son incorporados a los **bienes finales** de una sola vez. El concepto de FP, de cuño **neoclásico**, excluye del análisis económico a las **clases sociales**. Desde un punto de vista **marxista**, el capital no constituye un FP; de hecho, necesita del trabajo para producir, pero sin embargo el trabajo puede prescindir del capitalista, asumiendo la **propiedad** de los **medios de producción** un carácter social. Es más: el propio capital (máquinas, **materias primas**, herramientas, edificios, etc) no es más que trabajo previo acumulado, **valor** creado por el trabajo, de modo que se trata de un factor que no produce por sí mismo. Esto significa que en una **sociedad** donde el capital fuera socializado no existiría tal factor –y obviamente desaparecería la clase burguesa como tal– y la producción podría de todos modos realizarse normalmente. Así, en una sociedad socialista el trabajo –principal factor– se combinaría con los **recursos naturales** para satisfacer las necesidades humanas. En definitiva, la crítica marxista de la teoría de los FP plantea que bajo el **capitalismo** la riqueza creada por el trabajo fue convertida en capital y la tierra se convirtió en objeto de apropiación. Así, trabajo, capital y tierra expresan una relación social de carácter histórico, que la teoría económica burguesa pretende convertir en eterna e invisible en tanto base de la **explotación**.

Fallas del mercado (neoclásicos): Circunstancias en que el **mercado** no asigna eficientemente los recursos. Los **neoclásicos** consideran a las FM como excepciones a la regla de un mercado eficiente.

Familias: Dueñas de los **factores productivos** (**tierra**, **trabajo** y **capital**), ofrecen su **fuerza de trabajo** o el uso de sus **propiedades** a las **empresas** –a cambio de una retribución monetaria– y a su vez consumen **bienes finales**.

Fases de producción: Etapas en que se divide el **circuito de producción:** 1- **de compra:** Primera fase del **circuito de producción capitalista**, consistente en la compra de los elementos necesarios para la **producción** es decir, instrumentos de **trabajo, materias primas, materias brutas**, edificios y **fuerza de trabajo**, 2- **de producción:** Segunda fase del **circuito de producción capitalista**, consistente en la organización y realización efectiva del acto productivo, 3- **de venta:** Tercera fase del **circuito de producción capitalista**, consistente en la venta del producto o bien resultante.

Financiero: Perteneciente o relativo a la **banca** y/o a la **bolsa**.

Fisher, Irving (1867-1947): Economista norteamericano, autor clave de la **teoría cuantitativa del dinero** y especialista en **econometría**. Entre sus principales obras encontramos a *Teoría del interés* (1930).

Fisiocracia (Francia, mediados del siglo XVIII): (De *physis* (naturaleza) y *kratos* (poder). **Doctrina** económica surgida con la decadencia del **mer-**

cantilismo. A diferencia de éste –que se centraba en el intercambio– la F planteó la centralidad de la **producción** y sostuvo que sólo la **agricultura** –el **trabajo** de la **tierra**– crea la riqueza (ni la **industria** ni el **comercio** se consideran producción), sobre la base de un orden natural impuesto por Dios (el **"gobierno** de la naturaleza"). La agricultura es la única actividad económica capaz de dar al hombre más riquezas de las que representa la semilla y el trabajo del agricultor, rindiendo por lo tanto un **"producto neto"**. Es por ello que la F establece la existencia de tres **clases sociales:** la **clase productiva** (**arrendatarios** y **trabajadores** agrícolas), la **clase de los propietarios** (**clase ociosa** de los dueños de la tierra: **reyes, nobleza** y **clero**) y la **clase estéril** (formada por grupos parasitarios: **artesanos**, comerciantes, profesionales, **empresarios** y **obreros**). Defendiendo el principio de *laissez faire*, la F sostiene que el **Estado** no debe intervenir en la economía favoreciendo el comercio libre y rechazando el **proteccionismo.** Su pensador más destacado fue François **Quesnay**, a quien acompañaron entre otros Mirabeau, Mercier de la Rivière y Dupont de Nemours. Los fisiócratas eran partidarios entusiastas de la **monarquía** y la **nobleza**, ya que según ellos sólo el **despotismo ilustrado** podía armonizar los intereses de todos los hombres, aceptando las leyes de la naturaleza. No es casual que los fisiócratas hayan surgido en **Francia**, país que tenía un importante **desarrollo** agrícola pero un gran retraso industrial con respecto a **Inglaterra.** Su decadencia histórica estuvo ligada al fortalecimiento de la industria, especialmente a partir de 1770, año en que cayó Roberto J. **Turgot**, símbolo de la F.

Flujo: Circulación o movimiento de una **variable** en el **sistema** económico. Cantidad en que algo circula en determinado período de tiempo. Ejemplos de F: 1- **circular de la renta:** Conjunto de los **flujos** de pagos entre los **agentes** productivos: de las **empresas** a las **familias** o "economías domésticas" –a cambio de **trabajo** y servicios productivos– y a la inversa –a cambio de **bienes** y **servicios**-. En el FCR, los **factores de la producción** (trabajo, **capital** y **tierra**) reciben una retribución (respectivamente, **salario**, **beneficio** y **renta**) por la **producción** de bienes y servicios, **ingresos** que se gastan en el **consumo** de éstos. Así, vemos que hay un FCR y un flujo circular del producto, 2- **de capitales:** Movimiento de **capitales** entre distintos países, 3- **monetario:** Parte del **circuito productivo** formada por la corriente de **dinero** que va desde la **producción** (**empresas**) hacia los consumidores (**familias**) –a través del **mercado de factores**- y retorna desde éstas hacia las primeras –a través del **mercado de bienes**-, 4- **nominal:** Conjunto de los **ingresos y gastos.** El FN se vincula a la contratación de factores, tales como sueldos, **intereses, rentas, etc,** 5- **real:** Parte del **circuito productivo** formada por la corriente de **bienes** compuesta por **materias primas, productos** finales, artículos sin terminar, etc, que va desde los consumidores (**familias**) hacia la **producción** (**empresas**) –a través del **mercado de factores-** y retorna desde éstas hacia las primeras –a través del **mercado de bienes-.**

Fórmula general de la macroeconomía: Identidad fundamental del análisis macroeconómico: **PBI = C + I + X – M,** es decir, **Producto Bruto Interno** es igual a **consumo** más **inversión** más **exportaciones,** menos **importaciones.**

Fórmula general del capital (Karl Marx): Se trata del esquema básico de la **economía** bajo el **capitalismo.** D-M-D´ (**dinero-mercancía**-dinero más **plusvalía**), donde D representa al **capital constante** y al **capital variable** adelantados por el **capitalista,** M es la mercancía producida y D´ es el dinero más un plus de **valor** o plusvalía generado en el **proceso de producción** por la mercancía **fuerza de trabajo.** El **beneficio** capitalista surge de restar D´ menos D.

Friedman, Milton (1912 →): Economista y matemático norteamericano, la figura más destacada del **monetarismo** y fundador de la **Escuela de Chicago.** Apoyándose en la **curva de Phillips,** criticó al **keynesianismo,** dando importancia a la **política monetaria** y reivindicando un **Estado mínimo** opuesto al **Estado de Bienestar.** Autor clave del pensamiento **neoliberal,** fue asesor del **Presidente** norteamericano R. Nixon. Entre sus obras principales encontramos a: *Inflación: causas y consecuencias* (1965) y *Teoría de los precios* (1976).

Frontera de posibilidades de producción: Límite máximo de **producción.** La FPP indica que si la **tecnología** no cambia y la cantidad e intensidad de **trabajo** permanecen constantes (**pleno empleo**), no se puede elevar la producción. La FPP sólo se puede ampliar si se consigue producir de una forma más eficiente. Los cambios que pueden elevar el **excedente** son: un aumento del total de horas trabajadas, una reducción del nivel de vida habitual de los **trabajadores,** un aumento de la intensidad del trabajo de éstos, un aumento de la **productividad** de una cantidad dada de trabajo o una disminución de la cantidad de producto necesaria para reponer las **materias primas** o máquinas utilizadas en la producción, reduciendo así la diferencia entre el **producto total** y el **producto neto.** En términos gráficos, se alude también al concepto de FPP para referirse a la curva que muestra diferentes combinaciones que pueden producirse de dos **bienes**, de acuerdo a una cantidad fija de factores.

Fuerza de trabajo: Conjunto de facultades físicas, mentales y de **energía** humana dispuesto para la **producción** de riqueza. Para la **economía** ortodoxa, la FT es la parte de la **población** en condiciones de producir, formada por aquellos en edad de trabajar. Incluye a ocupados y desocupados y también se le llama **población activa**. Para el **marxismo**, en la sociedad **capitalista** la FT es una **mercancía** que presenta la peculiaridad de crear un **valor** mayor (**plusvalía**) al que ella misma posee (y cuyo **precio** es el **salario**). El valor de la FT está determinado (al igual que cualquier otra mercancía) por la cantidad de **bienes** necesarios para su subsistencia y reproducción (alimentación, vestimenta, **educación**, etc).

Fuerzas productivas (marxismo): Suma de los recursos productivos capaces de producir **valor** con los que cuenta una **sociedad**. Son FP la **fuerza de trabajo**, los **medios de producción**, la **técnica** y los instrumentos de **trabajo**. Las FP expresan la relación del hombre con la naturaleza y abarcan también las condiciones naturales, la **división del trabajo social**, así como el territorio y la **población**. La articulación de las FP con las **relaciones de producción** –el régimen de **propiedad** y la **estructura de clases** de una **sociedad**– forman la base de un **modo de producción**. Cuando **Marx** habla del "desarrollo de las FP", esto significa que el hombre logra dar un paso en su dominio sobre la naturaleza, que le permite producir más, en menos tiempo, con menor esfuerzo y mejor calidad. Por ejemplo, usar una piedra para golpear, una **técnica** nueva para sembrar, la aparición del tractor, la máquina de vapor, la computación, son todos ejemplos del desarrollo –en distintas épocas– de las FP.

Función: Relación que existe entre los valores de dos o más **variables**. Decir que una variable es F de otra equivale a afirmar que la primera (**variable dependiente**) depende de la segunda (**variable independiente**). Tipos de F: 1- **de ahorro:** Curva que examina la cantidad de **ahorro** de acuerdo con cada nivel de **renta**, 2- **de costos:** Relación entre el nivel de **producción** y sus **costos**, 3- **de demanda:** Expresión matemática que vincula la **cantidad demandada** de un **bien** o **servicio** con las **variables** de las que ésta depende (**precio** del bien, precio de los otros bienes, **ingreso**, gustos, etc), 4- **de oferta:** Expresión matemática que vincula la **cantidad ofrecida** de un **bien** o **servi-**

cio con su **precio de mercado** y otras **variables** de las que depende la **oferta** (**función de producción, tecnología**, precio de los **factores de producción**, etc), 5- **de producción**: Relación técnica que indica cuál es la cantidad máxima de **producto** que se puede obtener con cada combinación de **factores productivos** en un cierto período de tiempo.

Futuros: Contrato de compraventa a realizarse en el futuro, con un **precio** y un plazo pre-establecidos. Una de las partes busca resguardarse de cambios en los precios y la otra asume el riesgo. Ver también **mercado de F.**

G

Ganancia: Diferencia entre el **dinero** inicial invertido por un **capitalista** y el dinero final obtenido tras el proceso de **producción, distribución** y **consumo** de **mercancías**. También puede definirse como el **valor** de venta del **producto** menos los **gastos de insumos**, pagos a **factores** y **depreciación**, de donde resulta la retribución al factor **empresa**. Mientras que la **economía clásica** la considera legítima (se argumenta que el propietario del **capital** asume iniciativa y riesgo), el **marxismo** sostiene que la G se basa en la **explotación** del **trabajo** ajeno a través de la apropiación de la **plusvalía** creada por éste por parte del ca-

pitalista. La G, entonces, no proviene del capital (la maquinaria y las **materias primas** sólo reproducen su valor en el valor final del producto) ni de la venta (porque si así fuera las mercancías no se venderían a su valor sino a uno superior) sino del *nuevo* valor no pagado creado por el trabajo durante el **proceso** de producción (**trabajo excedente**). **G extraordinaria: Ganancia** obtenida por un **empresario** cuando produce por debajo del **costo de producción** de otros empresarios. También hay GE si el **precio de mercado** es mayor que el **precio de producción**. El **monopolio** y el **oligopolio** son ejemplos de situaciones en las que las **empresas** obtienen una GE.

Gasto (G): Ver **demanda agregada**. Algunos tipos de G: 1- **final:** Suma de los usos que se les da a los **bienes** finales (**consumo más inversión**), 2- **interno:** Suma del total del **gasto** final, incluyendo el gasto de las **economías** domésticas, la formación de **capital fijo**, el aumento de las existencias en **bienes** terminados y las existencias de bienes en curso. Las existencias se computan como gasto realizado por quienes las poseen, 3- **privado: Gasto** total de los **agentes** económicos privados en **bienes de consumo** y **bienes de capital**, 4- **público:** Erogaciones de **bienes** y **servicios** hechas por el **Estado**. Depende del nivel de **ingresos** públicos y del nivel general de **precios**.

Globalización (1980 →): Según algunos autores como B. Coriat, la G es la etapa productiva que se caracteriza por la extensión constante del **mercado** mundial, expresada en la expansión territorial creciente y en la transformación ascendente de las actividades productivas. Características: a) una creciente internacionalización comercial y productiva que se manifiesta en el **auge** de los intercambios de **bienes** e inversiones en el extranjero, b) la intensificación del **proceso** de **mundialización** de la economía con la aparición de empresas y redes empresarias estrictamente transnacionales, sin una ubicación nacional predominante, que desarrollan un **mercado**, una financiación y una gestión de decisiones a nivel planetario, c) la exacerbación de la **competencia** internacional, intensificada por las rivalidades entre los vértices de una tríada económica (**EE.UU., Japón** y Europa Occidental), d) la reestructuración cada vez más rápida de los aparatos productivos, como consecuencia de la aparición de nuevas **técnicas** y del repliegue industrial a escala mundial y, e) la reducción de la capacidad reguladora de los **Estados nacionales**. También son propias de esta etapa la **desregulación**, la regionalización y el fin de la **hegemonía** del **modelo** norteamericano de organización de empresas (modificaciones en el proceso de trabajo, paso del fordismo al toyotismo). Otro rasgo importante es el proceso de crecimiento inmenso de la **especulación financiera** (en la última década el 85 % de las transacciones financieras es de naturaleza especulativa, sin vínculo alguno con la actividad productiva). La G es considerada como la etapa posterior a la **internacionalización** y a la mundialización.

Gossen, Hermann Heinrich (1810-1858): Economista alemán, creador de las **Leyes de G**, que constituyeron la base de la **teoría marginalista** o **neoclásica**.

H

Hansen, Alvin Harvey (1887-1975): Economista norteamericano, desarrolló la llamada "**síntesis neoclásica**". Fue asesor de F. D. **Roosevelt**. Entre sus obras principales encontramos a: *Teoría de los ciclos económicos* (1927) y *Guía de Keynes* (1953).

Hinterland: Voz alemana que designa al área que se encuentra bajo la influencia de una **ciudad** y donde se desarrollan actividades económicas y culturales. En particular, zona de influencia de un puerto en la que se realizan **exportaciones** e **importaciones**. También hace referencia a los **Estados** dependientes económicamente de un **mercado** exterior controlado por una potencia o a aquellos que son pasibles directamente de una **dominación política** por parte de un país poderoso.

Hiperinflación: Tasa de **inflación** superior al 50 % mensual o al 1.000 % anual. Por ejemplo, un caso histórico de H ha sido el de **Alemania**, donde los **precios** se multiplicaron un billón de veces entre 1914 y 1923.

Holding: **Sociedad** financiera o grupo de **bancos** que poseen la mayoría de las **acciones** de diversas **empresas subsidiarias** a las que controlan o dirigen. Se trata de diferentes **corporaciones** o grandes **empresas** independientes pero subordinadas a una autoridad común que surgieron históricamente para enfrentar a los *trusts*. También llamadas **sociedades de cartera**. Como los *trusts* o los *carteis*, los H son expresión de la tendencia del **capitalismo** a la **concentración** y a la limitación de la **competencia**.

Homo economicus: Prototipo de hombre pensado por la teoría **neoclásica**. El HE es un **individuo** aislado que busca el mayor **beneficio** con el menor **costo**.

I

Iliquidez: Situación en que la **oferta monetaria** y el llamado **cuasi-dinero** resultan insuficientes para satisfacer las necesidades de la **economía**. En ocasiones, la I es resultado de una **política monetaria** restrictiva por parte del **Estado**, que por lo general tiene por finalidad bajar la **inflación**.

Ilusión monetaria: Comportamiento económico que tiene en cuenta el **valor nominal** del **dinero**, en vez de considerar el valor real. Aumento en el **gasto** realizado por los **agentes** económicos en respuesta al incremento de la **oferta monetaria**, sin tener en cuenta la **tasa de inflación**. Por ejemplo, si un **trabajador** recibe un aumento del 15% en su **salario**, pero la inflación también es del 15 % -a pesar de lo cual éste decide gastar más- caerá en la IM.

Imperialismo (1870 →): El inglés J. A. Hobson (*Estudios del imperialismo*, 1902) y luego **Lenin** (*El imperialismo, fase superior del* capitalismo, 1917) postularon la teoría del I, a partir de la categoría de **exportación** de capitales como base del **proceso** de expansión capitalista. Para la visión **liberal** de Hobson, el I es un intento de encontrar nuevos **mercados** de **inversión** cuando la capacidad de **producción** desborda los **mercados** locales, dadas condiciones internas de **concentración del capital**, desigualdad en los **ingresos** y **subconsumo** que fuerzan al **capital** a buscar mercados externos (la posición del subconsumo fue también planteada por la

marxista Rosa **Luxemburgo**). Para Lenin (influido por Hilferding), el punto de partida del I –fase superior del capitalismo o **capitalismo monopolista** (ver) – está dado por la caída de la **tasa de ganancia** obtenida por los capitales monopólicos triunfantes en el **mercado interno** (obligados a reinvertir para eliminar a los competidores) y la necesidad de colocar excedentes en otros mercados, lo que confluye con los siguientes factores: a) existe una alta concentración de la producción y del capital, conformando **monopolios**, b) se produce una fusión del **capital bancario** con el industrial, formando el **capital financiero**, c) la exportación de capitales a **países subdesarrollados** supera en importancia a la exportación de mercancías, d) la lucha por los mercados se convierte en la presa a conseguir por asociaciones internacionales de capitalistas (*cartels, trusts*) y, e) se produce una ocupación territorial de todo el planeta por las **potencias coloniales**. En este sentido, la expansión del primer capitalismo en la época del **mercantilismo** y luego en la **Primera Revolución Industrial** -el **capitalismo de libre competencia**-, no debería ser encuadrada en la categoría de I, ya que ese proceso se centró en la exportación de **mercancías** y la conquista de mercados y no en la exportación de capitales, propia del período que arranca con la **Segunda Revolución Industrial** ya bien avanzada, a fines del siglo XIX. En la segunda mitad del siglo XX, la **teoría de la dependencia** renovó los estudios acerca del I, poniendo el énfasis –no ya en los factores externos– sino destacando las **estructuras** internas de las economías de la **periferia** como propiciadoras de políticas imperialistas por parte de las **multinacionales** provenientes de las economías centrales.

Importaciones (M): Bienes y **servicios** producidos en el exterior y demandados por las familias y **empresas** residentes en un país. Las I estarán directamente afectadas por el nivel de ingreso existente en dicho país.

Impuestos (T): Prestaciones en **dinero** o especie de carácter obligatorio exigidas por el poder político a los particulares. Los I pueden **gravar** el **consumo**, la **producción**, el **ingreso**, las **ventas**, las **exportaciones**, las **importaciones**, etc. Tipos de I: 1- **directos (Td):** Son los **impuestos** pagados directamente por los contribuyentes al **Estado**. Gravan el **ingreso** o patrimonio de individuos o **empresas**. Por ejemplo, impuesto a las **ganancias**, a las ventas, a la herencia, etc. Si una **economía** aumenta los ID, su efecto inmediato no se observará en el **consumo**, sino que disminuirá el **ahorro** y el **sector privado** dispondrá de menos recursos para invertir, 2-

Indirectos (TI): Son los I que gravan el **consumo**, pagados por los consumidores a las **empresas**. Son lo que están incluidos en los **precios**; luego las **empresas** lo remiten al **Estado**. El ejemplo más conocido es el **IVA** (Impuesto al Valor Agregado), 3- **progresivos:** Son aquellos I que recaen sobre los **ingresos** más altos. Es el caso de los **impuestos directos** (a la riqueza, a los viajes al exterior, etc), 4- **proporcionales:** Son aquellos I que se aplican en forma proporcional a los distintos sectores de la **población**, en función de la **renta**, 5- **regresivos:** Son aquellos I que recaen sobre los **ingresos** bajos. Es el caso de los I **indirectos** (como el **IVA**). Se plantea que es regresivo porque todo impuesto a las ventas finales disminuye la capacidad de **consumo**.

Inconvertibilidad: En general, el concepto refiere a la medida tomada por un **Estado**, que dispone que una **moneda** antes convertible en oro o alguna **divisa** fuerte, deje de serlo. En particular, se destaca la declaración de I del **dólar** estadounidense, esto es, la suspensión del **patrón oro** (es decir de la **convertibilidad** del dólar en oro declarada en los **Acuerdos de Bretton Woods**), tomada por **EE.UU.** el 16 de agosto de 1971. Esta declaración fue provocada por la suba del **precio** del oro en todas las monedas (había escasez mundial de oro y los países industrializados tenían grandes sumas en dólares debido a sus **balanzas comerciales** favorables con EE.UU., por lo que comenzaron a exigir a este país el cambio de esos dólares por las **reservas** en oro estadounidenses), lo que provocó la **devaluación** del dólar (favoreciendo las **exportaciones** norteamericanas) y el aumento de la **masa monetaria** mundial. También **Inglaterra**, en 1931, había declarado la I de la libra esterlina, abandonando el patrón oro.

Indexación: En general, indexar es ligar el **valor** de un **capital** al comportamiento de determinada **variable** que se toma como referencia (**precios, producción, productividad,** etc). Su uso más habitual relaciones al concepto con la determinación del aumento en el **índice de precios** y su utilización como medida de ajuste sobre el capital de cualquier operación (por ejemplo, el monto de un alquiler) en **economías** cuya **moneda** está distorsionada por la **inflación**; el objetivo es contrarrestar la desvalorización que ésta provoca.

Índice: Número promedio que se utiliza para observar la evolución o variación en el tiempo de una **variable**. También llamado número Í, toma habitualmente el valor 100. Por ejemplo, el Í que establece la relación entre **población económicamente activa** y el nivel de **desempleo**. Ejemplos: 1- **de precios al consumidor**

(IPC): Indicador que registra el **precio** de una canasta representativa de los **bienes y servicios** consumidos en un país, sean o no producidos en él, 2- **de precios mayoristas:** Medición del **costo de la producción** y su influencia en el **precio** del resto de los **bienes y servicios**, 3- **del costo de vida:** Medición del **costo** de una canasta de **bienes y servicios** que consume una familia tipo, 4- **del salario real:** Cociente entre el índice de **salario nominal** y la **inflación** del período.

Industria: **Sector secundario** de la **economía** orientado a la elaboración de **productos** a partir de **materias primas** por medio de la combinación de la maquinaria y la **fuerza de trabajo**. Para el surgimiento de la I ver **Revolución Industrial**. **I liviana:** **Bienes** elaborados con máquinas que se consumen en el **mercado** en el corto plazo y en forma masiva. Ejemplo: I alimenticia y textil. **I pesada:** **Bienes** elaborados con máquinas que se utilizan como **medios de producción**, **materias primas** o **insumos** de otros bienes en la **I liviana**, por lo general de larga duración, y que son adquiridos por **empresas**. Ejemplo: metalurgia, química, obras ferroviarias o navales, etc.

Inflación: Aumento contínuo en el nivel general de **precios** de los **bienes y servicios** de una **economía**. Para que pueda hablarse de I, el aumento debe ser general y no en artículos aislados. La I depende de tres factores: la **demanda agregada**, la evolución de los **costos** y elementos estructurales. El **monetarismo** sostiene que la I es consecuencia del aumento excesivo de la **oferta monetaria** (junto con el aumento del gasto estatal y el **déficit fiscal**), mientras que el **keynesianismo** y el **estructuralismo** sostienen un análisis multicausal y el **marxismo** vincula la I con el accionar de los monopolios. Tipos de I: 1- **de costos:** Tipo de I producida por decisiones tomadas fuera del **mercado**. Por ejemplo, se produce IC cuando **empresas monopólicas** aumentan los **costos** de **materias primas** o **productos** semi-elaborados. Algunos autores plantean que también se produce IC cuando los **sindicatos** imponen aumentos salariales que no se correspondan con el aumento en la **productividad**. Esto produce una disminución en las **utilidades** de las empresas, que trasladan el costo salarial a los **precios**. Entre otras, las consecuencias de la IC son: merma en los **ahorros**, desequilibrios en la **balanza comercial**, descapitalización en las empresas. También llamada I **por puja distributiva**. Uno de los autores que sostiene la IC es el **keynesiano** M. Kalecki, 2- **de demanda:** Tipo de I producida por el aumento de la **demanda**, que supera la capacidad de **oferta** de **bienes y servicios** de un país. Los **monetaristas** piensan que el causante principal de la ID es el aumento

en la cantidad de **dinero** por sobre el **crecimiento** productivo. Además, esa expansión monetaria puede deberse al aumento en el **gasto público** financiado con **emisión** y al aumento en el volumen crediticio al **sector privado**. Los **keynesianos** sostienen que la ID se debe al **desempleo** de los recursos. Esto se produce cuando el nivel productivo es muy inferior al potencial, 3- **estructural:** Tipo de I similar a la **I de demanda**, pero restringida a un solo tipo de **productos**. Es común en los **países en vías de desarrollo**, los que sufren desequilibrios externos. La IE se ve favorecida cuando el exceso de **demanda** de **divisas** respecto a su oferta obliga a una **devaluación**, produciendo una ola generalizada de aumentos de **precios**, 4- **inercial:** Suba de **precios** que se establece en forma preventiva ante la inercia producida por la I inmediatamente anterior. Un ejemplo típico es el de las cláusulas de **indexación** en los **contratos**, 5- **por expectativas:** Tipo de I que resulta de acciones preventivas por parte de los sectores económicos. Por ejemplo, los grupos **formadores de precios** tratan de cubrirse ante la posibilidad de futuros aumentos, subiéndolos por encima de la media esperada, 6- **reprimida:** Situación en la debería haber aumentos de **precios**, los cuales son contenidos mediante diversos controles por parte del **gobierno**.

Infraestructura: Capital social básico de una **sociedad**. Rama de la **economía** no productiva sobre la que se basa la **producción** material, formado por rutas, caminos, puentes, puertos, depósitos, transporte, sector energético, comunicaciones, **comercio**, suministro de agua, alcantarillado, etc.

Ingreso (Y): Es el **valor agregado** visto desde el punto de vista de quien lo recibe. Está formado por la suma de las remuneraciones de los **factores productivos** (**salarios**, **renta** del suelo, **beneficios e intereses**). Equivale también al **producto**. Tipos de I: 1- **bruto:** I que no considera los gastos ocasionados por la reserva de **depreciación**, 2- **líquido:** I que resta los gastos ocasionados por la reserva de **depreciación**, 3- **marginal:** Aumento del I **total**, derivado del incremento de la **producción** en una unidad: $Img = (IT_1 - IT_0)/(Q_1 - Q_0)$, 4- **medio:** I **total** dividido por la cantidad vendida, lo que determina el **precio** por unidad: $Ime = IT/Q$, 5- **monetario:** I medido en unidades monetarias, 6- **nacional:** Remuneración del conjunto de los **factores de producción** en **propiedad** de los residentes de un país, 7- **neto:** I **bruto** menos **impuestos**, 8- *per capita:* I promedio por habitante. Relación entre los I anuales de un país y la cantidad de habitantes del mismo, 9- **real: Poder** adquisitivo del I, 10- **total (Y):** En una **economía capitalista**, el IT está constituido por **ganancias** (G) y **salarios** (S): Y = G + S. De aquí podemos deducir que: G + S = Ce + Ct + I, es decir: las ganancias y los salarios totales son iguales a la **inversión**, al **consumo** empresario y al consumo de los **trabajadores**. También puede definirse al IT como el I que percibe el **empresario** en términos de **dinero** por la cantidad de **productos** vendidos. Finalmente, es el número de unidades vendidas por el **precio de mercado** o precio unitario de dicho bien: it = q. P, 11- **corrientes**: I del **Estado** provenientes de **impuestos**, aportes previsionales, ventas de **bienes y servicios**, etc. Excluye el endeudamiento **público** (emisión de **títulos**, **préstamos** de organismos internacionales, etc), 12- **derivados**: En una **economía capitalista**, el **interés**, la **ganancia comercial** y la **renta** son los ID de los **prestamistas**, los **comerciantes** y los **terratenientes**, respectivamente. Los ID provienen de deducciones en la ganancia, de las cuales queda -como residuo- la ganancia empresarial, 13- **originarios**: En una **economía capitalista**, la **ganancia** y los **salarios** son los IO de los **empresarios** y de los **trabajadores**, respectivamente.

Insumo: Materias primas y **bienes intermedios** que se consumen durante el **proceso** de elaboración de un **producto**. El I se distingue, en este sentido, de los **factores de la producción**.

Integración económica: Proceso de unidad económica de dos países. La IE puede tener diversos alcances: **zona de libre comercio, unión aduanera, unión económica**, etc.

Interés: Precio que se paga al propietario de **dinero** por prestarlo para usos diversos. Es uno de los tres **ingresos derivados** de una **economía capitalista**.

Intervencionismo estatal: En una **economía capitalista**, injerencia del **Estado** en el **mercado**. El IE se generalizó en el mundo tras la **Crisis del 30**, con el **auge** de los planteos **keynesianos**. En general, va asociado al **proteccionismo** y a **políticas** industrialistas o de **sustitución de importaciones**, y puede incluir la **nacionalización** de un sector de la economía. En América Latina, el IE se ha dado también luego de la Crisis del 30, pero en especial está ligado a los **gobiernos populistas**.

Inversión (I): Proceso por el que se destina un cierto **capital** (que no se consume) para el **desarrollo** de una actividad económica. Compra de **bienes de capital** para reparar equipos gastados o para incrementar la capacidad productiva con nuevos equipos. **Producción** que excede de lo que se consume habitualmente. Aumento de los **medios de producción** que surge del **excedente** no consumido. La I depende de varios factores: la **tasa de**

interés, el nivel de capacidad utilizada, el nivel de **precios**, las expectativas de los **empresarios**, etc. Tipos de
I. 1- I: En términos financieros, la I es
la compra de un **título, bono** o **acción**,
2- **bruta: Producción** total de **bienes
de capital, gasto** realizado en la compra de maquinarias. También puede
definirse como la parte del **producto**
que repone y aumenta el *stock* de ca-
pital disponible, 3- **externa:** I de **capital** realizada en un país proveniente
del extranjero. Puede ser IE **directa** o
IE **indirecta,** 4- **externa directa:** Cantidad invertida por extranjeros en **empresas** radicadas en un determinado
país, en la que ejercen un control ge-
rencial, 5- **externa indirecta: Préstamos** de otros países o de organismos
internacionales a un país, 6- **líquida:**
I **bruta** menos la I de reposición, 7-
neta: I **bruta** menos la **depreciación,**
es decir, la reposición del **capital** consumido en el **proceso de producción,**
8- **privada:** Compra de **bienes de capital** realizada por el **sector privado,** 9-
pública: Compra de **bienes de capital**
realizada por el **sector público.**

***Investigación sobre la naturaleza y
causas de la riqueza de las naciones***
(Adam Smith, 1776): Obra fundamental de la **economía clásica** y del **liberalismo económico.** En ella, **Smith** establece conceptos centrales como su
teoría del valor, la **mano invisible** del
mercado, el **laissez faire, precio de
mercado** y **precio natural,** entre otros.

J

Jevons, William Stanley (1835-1882):
Economista **neoclásico** británico. De-
fendió la **teoría subjetiva del valor,**
centrándose en la teoría de la **demanda,** por la cual el valor de un
bien no depende del **trabajo** –como
en los clásicos– sino de la **utilidad**
que proporciona al consumidor –en-
tendida como **utilidad marginal**– y
por su rareza. También planteó la
necesidad de estudiar a la **economía**
con un **lenguaje** matemático –cuan-
tificando, por ejemplo, el placer y el
displacer–. Entre sus obras principales encontramos a: *La teoría de la
economía política* (1871).

Juglar, Joseph-Clément (1819-1905):
Economista francés, señaló que las
crisis económicas están insertas en
un movimiento cíclico que intrínse-
co al propio desarrollo del **sistema**
capitalista. Sus **teorías** no ponían en
cuestión al **capitalismo,** al que veía
en un continuo crecimiento armónico. El ciclo J –entre ocho y once
años- se llamó así en su honor. Entre sus obras principales encontramos a: *Las crisis comerciales y su
periodicidad en Francia, Reino Uni-
do y EE.UU.* (1862).

K

Keynes, John Maynard (1883-1946): Economista británico, teórico del **capitalismo** basado en la intervención del **Estado** en el **mercado**, opuesto al **capitalismo de libre competencia** de tendencia **liberal**. Su obra más importante es *Teoría general sobre el empleo, el interés y el dinero* (1936), base de lo que se conoce como **keynesianismo** (ver). Luego de la **Primera Guerra Mundial** y la **Crisis del 30**, K observó que el mercado no tiene una propiedad autocorrectora (la **mano invisible de Smith**) que mantenga al capitalismo en crecimiento. A falta de **inversión** privada, K sostiene que tiene que surgir un sustituto: el **gobierno**. De esta forma, el **gasto público** se convirtió en una **política económica** esencial para el capitalismo en **depresión** y con **desempleo**. Su preocupación central pasó por precisar cómo se determinan las grandes categorías globales, como los niveles de **producción** y **empleo**, el **consumo**, el **ingreso**, el **ahorro** y la inversión. En este sentido, se distanció de los **clásicos** y los **neoclásicos** –cuyos problemas principales pasaban por los comportamientos individuales, la **teoría del valor**, el **precio** de las **mercancías** y la **distribución** de los ingresos–. Tomando distancia de la **microeconomía** neoclásica, fundó la **macroeconomía**.

Keynesianismo (principios del siglo XX →): Escuela económica encabezada por John M. **Keynes**. Keynes critica el supuesto de equilibrio del **mercado** expresado en la **Ley de Say**, defendido por los **neoclásicos** y rechaza la explicación neoclásica sobre la **desocupación** como un fenómeno voluntario, planteando la existencia de una **desocupación involuntaria**. La situación planteada tras la **Crisis del 30** mostraba millones de desocupados que preferían cualquier **empleo**, aún el más miserable, al **desempleo**. Keynes diferencia la **demanda potencial** de la **demanda efectiva**, determinada ésta por la llamada "**propensión al consumo**" y por el volumen de **inversión**. Entonces, el nivel de empleo depende, no de la **oferta** global (**Say**) sino de la propensión al consumo y del volumen de inversión (que depende de la confianza de los inversores). De este modo, lo que incentivará a los **empresarios** a invertir es la **demanda de bienes de consumo**, en una suerte de Ley de Say al revés: "toda demanda crea su oferta". En este sentido, el K sostuvo que lo que genera el **crecimiento de la economía** es el **consumo** y no el **ahorro** –que era el planteo de la **economía clásica**– siendo central en su **teoría** el llamado **multiplicador** de la inversión. Al revés que los clásicos, opinaba que los bajos **salarios** aumentaban el desempleo en vez de bajarlo, al desalentar el consumo y la **producción**. Considerada la corriente que creó la **macroeconomía**, para el K el **Estado** debe ejercer una influencia orientadora sobre la propensión a consumir, a través del sistema de **impuestos**, para incentivar la demanda y restablecer la confianza. Un factor central del K es el uso del **crédito** y el **gasto público** como activadores del consumo y la inversión, a través de la **política monetaria** (aumento de la **oferta monetaria** con una inflación moderada) y **financiera** del **gobierno** (reducción de la **tasa de interés** y desaliento de la **especulación**), en lo que se dio en llamar "rol **anticíclico del Estado**": si baja la tasa de interés, aumentan la **inversión**, el **empleo**, el **ingreso** y el consumo, generando un círculo virtuoso. Junto con ello, se destacó la implementación del llamado **Estado de Bienestar**, consistente en la provisión de servicios sociales a los sectores más desprotegidos y en el establecimiento de pactos **neocorporativos** entre el Estado, el **capital** y el **trabajo**. El modelo keynesiano dominó la **política económica** hasta avanzada la década de 1970. El aumento experimentado en el **déficit público** y la **inflación** y el recrudecimiento de los conflictos sociales (el capital comenzó a sentir como intolerable la fuerza lograda por el trabajo y la carga impositiva; los trabajadores, por su parte, fortalecidos organizativamente, comenzaron a reclamar mejoras en las condiciones laborales), han sido decisivos a la hora de su crisis y abandono. El K fue criticado por el pensamiento **liberal** como "**estatismo socializante**", y por el **marxismo** como una herramienta **burguesa** de opresión y **explotación** sobre los **trabajadores**. Desde esta óptica, se afirma que la **Crisis del petróleo** demostró que la intervención del Estado puede corregir transitoriamente los problemas de **valorización del capital**, pero no superarlos. Como sucesores de Keynes, se destacan Joan Robinson y Michael Kalecki.

L

Laissez Faire, laissez passer: Expresión francesa que significa "dejar hacer, dejar pasar". Idea básica del pensamiento **liberal** que promueve la absoluta libertad de **comercio** y de circulación de **mercancías** y el libre juego de la **oferta** y la **demanda**, sin la intervención del **Estado**. Se originó en la frase de F. **Quesnay** quien –en defensa del **librecambismo**- dijo "dejad hacer, dejad pasar, el mundo marcha por sí solo."

Leyes económicas: 1- Ley de bronce (Ferdinand Lasalle): Ley económica que plantea que el **salario** mínimo determinado por la **oferta** y la **demanda** es siempre aquel que ga-

rantice una subsistencia indispensable para el **trabajador**, de modo que continúe en condiciones de producir. Bajo la influencia de **Malthus**, Lasalle pensó que un salario por encima del nivel de subsistencia generaría un crecimiento de la **población** que llevaría en definitiva a un incremento de la **desocupación** y a un retorno al inicio: caída del salario, miseria y reducción de la población. Los hechos han desmentido a la LB, ya que ha habido numerosas situaciones en que el aumento poblacional no provocó una baja salarial y a la inversa. La razón de ello, según el planteo **marxista**, es que los salarios no se rigen por leyes demográficas sino por la evolución de la **acumulación de capital**, 2-
Ley de hierro de los salarios (Thomas Malthus): Establecimiento de un **salario** de subsistencia con el fin de evitar el crecimiento de la natalidad. Forma parte de la **teoría** general de **Malthus**, quien creía que en poco tiempo los **recursos naturales** no iban a alcanzar para tanta **población**, a menos que ésta sea reducida por diversas **causas**, 3- **Ley de la demanda:** Mecanismo de la **economía de mercado** por el que, a menor **precio**, mayor es la cantidad de un **bien** que los consumidores desean demandar y, a mayor precio, menor es la cantidad de un bien que los consumidores desean demandar, manteniendo todos los demás factores

constantes. Se representa en la **curva de demanda**, 4- **Ley de la oferta:** Mecanismo de la **economía de mercado** por el que, a mayor **precio**, mayor es la cantidad que los productores desean ofrecer y, a menor precio, menor es la cantidad que los productores desean ofrecer, manteniendo todos los demás factores constantes. Se representa en la **curva de oferta**, 5- **Ley de la oferta y la demanda:** Ley fundamental de la **economía de mercado** que explica que el **precio** de un **bien** será mayor cuando la **demanda** es mayor que la **oferta** y disminuirá si la oferta es mayor que la demanda, 6- Ley de la racionalidad decreciente: **Planteo sostenido entre otros por** Schumpeter, **que sostiene que los** individuos **actúan cada vez más irracionalmente, a medida que las cuestiones sobre las que deben decidir son cada vez más abstractas y lejanas,** 7- **Ley de las utilidades marginales decrecientes (William Jevons):** Esta ley **neoclásica** sostiene que, a medida que aumenta la cantidad disponible de un bien adquirido para consumo, la utilidad de cada unidad va siendo menor que la de la unidad precedente. Ejemplo: si estoy en el medio del desierto, un vaso de agua tendrá un valor enorme y por eso si alguien vende agua voy a estar dispuesto a pagar caro por tenerla. Pero si la cantidad de agua que se trae es mucha, entonces ya va disminuyendo la necesidad y entonces la demanda es menor. Así, al individuo le convendrá consumir una unidad adicional si la **utilidad marginal** (que es una magnitud que se mide) supera al precio de ese bien. Para que la ley de utilidad marginal se cumpla, es necesario que se den una serie de requisitos: a) tiene que ser un **bien** que se pueda dividir en partes iguales. Por ejemplo, cubos de agua que pueden cubrir diversas necesidades (sed, aseo, riego, etc.), b) tiene que ser un período definido de tiempo para que la necesidad sea cubierta y no vuelva a reaparecer (comida durante un día por ejemplo), c) no tienen que cambiar los gustos del consumidor y, d) el **consumo** de los demás bienes tiene que permanecer sin cambios, 8- **Ley de Okun (Arthur M. Okun):** Relación cuantitativa que establece que cuando aumenta la **producción** rápidamente disminuye la **tasa de desempleo.** En particular por cada aumento del 2% del **PBI** real, se reduce el **desempleo** en 1%, 9- **Ley de propensión a consumir (John M. Keynes): Ley** que establece que ante un aumento (o descenso) del **ingreso** se produce un cambio menos que proporcional en el **consumo** y más que proporcional en el **ahorro.** Según **Keynes,** en la **propensión a consumir** influyen factores objetivos (si aumentan o disminuyen el ingreso, el **ingreso neto** y los **impuestos**) y factores subjetivos (motivo empresa, motivo liquidez, motivo mejoramiento y motivo prudencia financiera), 10- **Ley de rendimientos decrecientes (neoclásicos):** Situación donde, a cada unidad nueva a producir, mayor es el **costo de producción.** Esto tiene como consecuencia que el productor se verá obligado a aumentar el **precio** del **producto,** disminuyendo sus **beneficios.** (Ver también **rendimiento decreciente),** 11- **Ley de Say (principios del siglo XIX →):** "**Toda oferta crea su demanda".** Esto implica la idea de que existe un equilibrio natural en el **mercado** entre los **bienes** que ingresan y los que salen. Aquí está presente el concepto de que todo lo que se quiere vender tiene un comprador potencial. La LS fue pensada en un contexto de **capitalismo** de **competencia perfecta** y **pleno empleo,** que casi no se verificó en la **historia.** El surgimiento de los **monopolios,** el **imperialismo,** las **guerras,** las **revoluciones** y **crisis** de fines del siglo XIX y principios del siglo XX refutaron los postulados de esta visión que –no obstante- sigue siendo considerada en la actualidad como válida por buena parte del mundo académico, 12- **Ley del valor:** Principio económico que establece que toda **mercancía** es un **producto** que tiene un **valor** determinado por la cantidad de **trabajo abstracto socialmente necesario.** La LV fue desarrollada, bajo diferentes ángulos, por A. **Smith,** D. **Ricardo** y K. **Marx** (ver **teoría del valor),** 13- **Leyes de Gossen (Herman H.**

Gossen, 1854): Gossen fue un economista austríaco que en 1854 sostuvo que la intensidad de un placer disminuye a medida que se va satisfaciendo dicho placer, una y otra vez, hasta llegar a la saciedad. Si planteamos este principio en términos de necesidades y no de placer, obtenemos la siguiente formulación: la intensidad de una necesidad disminuye a medida que se va satisfaciendo, hasta desaparecer. Esta es la primera Ley. La segunda toma en cuenta el caso de que existan no una sino varias necesidades que tengan diferente nivel de importancia y plantea cómo se va a comportar un consumidor en este caso: el **individuo**, al procurar satisfacer conjuntamente varias necesidades diferentes, lo hará de modo tal que, en cualquier momento, el nivel o grado de intensidad de cada necesidad sea igual para todos ellos. Las LG fueron la base teórica sobre la que se estructuró la escuela de los **neoclásicos**.

Liberalismo económico: Ver **economía clásica**.

Liberalización: Medida de corte **liberal** que propugna la eliminación de trabas, controles y restricciones a la actividad económica, de modo que las **variables** económicas se determinen por el libre juego de la **oferta** y la **demanda**.

Libre comercio: Inexistencia de **aranceles** o barreras que limiten el **comercio** entre dos países. Los partidarios del LC son llamados **librecambistas**.

Libre empresa: Expresión utilizada por los partidarios del **liberalismo** y el **neoliberalismo** para hacer referencia a la **economía capitalista** en general y a su variante liberal en particular. Desde esta visión, se opone a la LE con el **estatismo** y el **socialismo**.

Librecambismo (siglo XVIII →): Doctrina que defiende la libertad de **comercio** a nivel internacional, sin trabas ni barreras arancelarias, y el libre movimiento de **trabajo** y **capital**. El L surgió como oposición al **mercantilismo**, pero se afianzó en Europa en la segunda mitad del siglo XIX bajo la bandera de la **teoría de las ventajas comparativas**, de David **Ricardo**. El tratado franco-británico Cobden-Chevalier de 1860 y todos los subsiguientes que condujeron a fuertes reducciones arancelarias significaron el triunfo general del L. R. Tamames señala como sus principios: 1- la **división internacional del trabajo** que tendía a beneficiar a **Inglaterra** como primera potencia industrial, 2- el **patrón oro**, que permitía una fluidez en los mecanismos de pagos internacionales y en los movimientos de capital. 3- el comercio sin trabas, que permitía la **exportación** masiva de las **manufacturas** inglesas y la **importación** de **materias primas** y alimentos provenientes de países de la **periferia**, 4- la libertad de **migraciones**, 5- la libertad de los mares, 6- la reserva de los **mercados** coloniales para las potencias centrales. La **Crisis de 1873** lo puso en cuestionamiento y la **Crisis del 30** lo llevó a un gran retroceso. Los pioneros del L fueron los economistas clásicos, Ricardo y **Smith**, R. Cobden y la Escuela de Manchester y los **neoclásicos Say** y Bastiat.

Liquidez: Capacidad de un **bien** para convertirse rápidamente en **dinero** o sustituirlo como **reserva de valor**. Los bienes más líquidos son los billetes de **banco** y los **depósitos** bancarios. Tipos de L: 1- **perfecta o primaria: Medios de pago** en manos del público formado por los billetes y **monedas** y cuentas corriente, 2- **secundaria: Medios de pago** en forma de **depósitos** a plazo, **títulos, bonos** y otros activos **financieros**.

List, Friedrich (1789-1846): Economista alemán, uno de los teóricos principales del **proteccionismo**. Sostuvo el **nacionalismo** económico y la protección aduanera de la **industria** alemana frente a la **competencia** británica. Se opuso al **librecambismo** dominante en su época, al que consideraba responsable del abuso de los países más débiles por parte de los más poderosos. Entre sus obras principales encontramos a: *Sistema Nacional de Economía Política* (1841).

M

M1: Agregado monetario formado por **dinero**, bajo la forma de billetes y **monedas** en poder del público + **depósitos a la vista**, pasibles de ser utilizados inmediatamente como medio de pago. **M2: M1** + **depósitos** en caja de **ahorro** (estos **agregados monetarios** pueden ser utilizados casi tan rápidamente como el **dinero**, por lo que se habla de **cuasi-dinero**). **M3: M2** + **depósitos a plazo**.

Macroeconomía: Parte de la **economía** que estudia los comportamientos económicos a nivel global o agregado. La M abarca el estudio de las **variables** económicas globales: **producción, ahorro, inversión, importaciones, exportaciones**, etc. Su **fórmula** general o identidad fundamental es PBI = C + I + X − M. Históricamente, la M está ligada a la búsqueda de respuestas frente al estallido de la **Crisis del 30**. Si bien el término también puede incluir al **monetarismo**, ha quedado ligado fuertemente con las posiciones **keynesianas**.

Malthus, Thomas Robert (1766-1834): Economista inglés. Planteó la posibilidad de un desequilibrio entre la **producción** y el **consumo** y advirtió sobre el riesgo de una **crisis de sobreproducción**. M sostuvo que los alimentos crecen siempre aritméticamente (1, 2, 3, 4...) y la **población** lo hace geométricamente (1, 2, 4, 8...) y que, por lo tanto, nunca habrá alimentos suficientes para todos. Postuló, en consecuencia, la necesidad de regular el crecimiento de la población mundial, reivindicando incluso el papel que juegan en esa regulación las **guerras**, las pestes y las enfermedades. Su **teoría** fue refutada por las transformaciones en la **agricultura** de los siglos XVII y XVIII. También elaboró la "**ley de hierro de los salarios**". Entre sus obras principales encontramos a: *Ensayo sobre los principios de la población* (1798). **Malthusianismo: Teoría** inspirada en **Malthus** que plantea el control de la **natalidad**, con el fin de evitar la **escasez** de recursos.

Mano invisible (Adam Smith): Concepto clave de la **economía clásica**, la MI hace referencia a la tendencia al equilibrio del **mercado** a través de la **ley de la oferta y la demanda**. Según **Smith**, la búsqueda del beneficio individual redunda en favor de toda la **sociedad** a través de una MI que ajusta los desequilibrios temporales del mercado, generando un proceso de **autorregulación**.

Manufactura: Aunque el uso corriente define a la M como a la actividad basada en la transformación de **materias primas** en productos acabados –es decir, la **industria**– el concepto refiere en particular al **proceso de producción** o elaboración de **bienes** no **agrícolas** ni **pecuarios**, basado en **técnicas** intermedias entre la **artesanía** (donde el **trabajador** elabora todo el producto) y la industria (donde lo decisivo no es el **trabajo manual** sino la máquina) propio del período del **mercantilismo**. Se trata de un **trabajo** realizado por un **grupo de obreros** agrupados por un **capitalista** en un taller, cada uno con tareas específicas y que se ayudan con herramientas y/o máquinas rudimentarias, movidas por **energía** humana o de animales. También se define como M a los productos resultantes de esa elaboración. La M fue clave en la primera etapa de la **Revolución Industrial**.

Marginal (marginalismo): En la **teoría neoclásica**, el término M debe entenderse como sinónimo de "**adicional**". Por ejemplo, el **costo M** es el costo adicional cuando se produce una unidad más. Por su parte, el **ingreso M** es la adición al ingreso cuando se vende una unidad más.

Marginalistas: Ver **neoclásicos**.

Marshall, Alfred (1842-1924): Economista **neoclásico** y matemático inglés, miembro de la **Escuela de**

Cambridge y uno de los principales defensores de la **teoría subjetiva del valor**, que plantea que el **valor** de los **bienes** está determinado por un componente subjetivo: la **utilidad** o provecho que cada consumidor encuentra en el bien (desechando a la **teoría del valor-trabajo**), constituyendo la base del **marginalismo** y de la **microeconomía**, donde las **leyes** de la **psicología** humana desplazan a las leyes sociales. Desarrolló también el análisis de la **elasticidad-precio de la demanda** (la confluencia del **precio de demanda** y del **precio de oferta** da como resultado el **precio de mercado**) y el estudio de la **competencia perfecta**. Entre sus obras principales encontramos a: *Principios de Economía* (1890).

Marx, Karl Heinrich (1818-1883): Filósofo y economista alemán, fundador del **socialismo científico, comunismo** o **materialismo histórico**. Postuló la **lucha de clases** como motor de los cambios históricos y –en el contexto de la **Segunda Revolución Industrial**– comenzó a organizar a la **clase obrera** mundial con el objetivo del derrocamiento revolucionario del **capitalismo** y la instauración de una **sociedad** comunista, sin explotadores ni explotados. Fue uno de los fundadores de la **I Internacional** y explicó el funcionamiento básico del **modo de producción capitalista** a través de la **acumulación de capital**, en base a la extracción de **plusvalía** realizada por la **burguesía** sobre el **proletariado**, señalando que las contradicciones del **sistema** lo llevarían a su autodestrucción. Entre sus obras principales encontramos a: *Manifiesto del Partido Comunista* (1848, junto a Friedrich Engels) y *El Capital* (1867).

Marxismo (1843 →): Doctrina creada por Karl **Marx** que explica el funcionamiento de la **sociedad** en base a la **producción** material de la existencia humana y a la **lucha de clases** a través de la **historia** (**materialismo histórico**). Sostiene que la **propiedad privada de los medios de producción** es la base de la **explotación del hombre por el hombre** y que el **Estado** es un instrumento de la **clase dominante** para oprimir a las otras clases. El M introdujo en la **teoría del valor** el concepto clave de **plusvalía**, aquella parte del **trabajo** del obrero que no es remunerada y que un **capitalista** se apropia con el objetivo de acumular **capital**. Explicó también cómo dicha **acumulación** aumenta la **composición orgánica del capital**, provocando una **tendencia a la caída de la tasa de ganancia**, y con ello, **crisis** recurrentes que pueden abrir paso a **situaciones revolucionarias**. El M postula la formación de un **partido obrero** que derroque en forma revolucionaria a la **burguesía** e instaure la **dictadura del proletariado**, un **Estado obrero** como fase de transición a la sociedad **socialista** y a la fase final: el **comunismo**, sociedad sin clases ni Estado.

Masa de ganancia: Volumen de **ganancia** o magnitud absoluta de ganancia: $G = D' - D$.

Masa monetaria: Conjunto del **dinero** en poder del público. Se compone de los **agregados monetarios M1, M2 y M3**, más las **letras del tesoro** y demás **títulos** públicos.

Materia prima: Materia bruta que se incorpora al **proceso de producción** para su procesamiento industrial. En rigor, se consideran MP sólo a los **bienes** naturales. Sin embargo, un **producto** elaborado puede ser MP –en el sentido de **insumo**– para la elaboración de otro producto (por ejemplo, harina para hacer pan). Desde **Marx**, también puede ser vista como la sustancia principal de un producto o la materia auxiliar absorbida en el **proceso de trabajo**.

Matriz insumo-producto: El modelo de **insumo-producto** fue desarrollado en la década de 1930 por Wassily Leontief, economista ruso. La MIP es un registro ordenado de las transacciones entre sectores productivos orientadas a la satisfacción de **bienes** para la **demanda** final, así como de **bienes intermedios** que se compran y venden entre sí. De esta manera, se puede observar la interrelación entre los diversos sectores productivos (**primario-industria-servicios**).

Medio de cambio: Cualquier cosa que sea de aceptación general a cambio de **bienes** y **servicios**. Por ejemplo, el **dinero**.

Medios de pago: Conjunto de billetes y **monedas** y cuentas corriente en manos del **público** y que constituyen la **liquidez primaria**. También pueden recibir la denominación de "definición número uno de liquidez" o **M1**.

Medios de producción: Bienes producidos que se utilizan en la **producción** de otros bienes. Pueden ser de duración limitada a un solo período (**capital circulante** o **capital variable**, según la **economía clásica** o el **marxismo**, respectivamente) o servir para varios períodos (**capital fijo** o **capital constante**). Son ejemplos del primero las **materias primas** o los **salarios** y del segundo, las máquinas, herramientas, edificios, **fábricas**, etc.

Megafusiones: Proceso de fusión o absorción de grandes **empresas transnacionales** en el período de la **globalización**. Las M son una manifestación del proceso de **centralización del capital**.

Menger, Karl (1840-1921): Economista

neoclásico austríaco, realizó aportes en la teoría de la oferta. Apoyando la **teoría subjetiva del valor** desarrollada por W. **Jevons**, planteó que el **valor** de los **bienes** se basa en su relación con las necesidades de los **individuos** y no con los bienes mismos (criterio éste de la **teoría del valor-trabajo**). Entre sus obras principales encontramos a: *Principios de Economía Política* (1871). Ver también **utilidad marginal**.

Mercado: Sistema de relaciones sociales de compraventa entre propietarios de **mercancías**. En el M se intercambian **bienes** y **servicios** que tienen determinada utilidad o **valor de uso**; dado que las cosas tienen diferentes valores de uso, lo que unifica a todas las mercancías es su **valor de cambio**, es decir la proporción en que un bien se intercambia con otro. El **trabajo** humano es ese algo en común que tienen todas las mercancías y que permite su intercambio (aunque la **teoría subjetiva del valor** plantea que el valor está determinado por los sujetos y no por una medida objetiva). Si bien suelen confundirse, el M es muy anterior al **capitalismo**: lo que distingue al M capitalista es que la propia **fuerza de trabajo** se convierte en mercancía por medio del **trabajo asalariado**. De este modo, el M capitalista es un mecanismo que regula la **competencia** y la **distribución** y es el lugar de encuentro para los intercambios de **mercancías** entre consumidores, comerciantes y productores. Por el M se determinan el **precio** de los **productos** y las cantidades producidas (**oferta**) y demandadas (**demanda**). Históricamente, se pueden distinguir M de **competencia perfecta**, monopólicos, oligopólicos, etc. El M es el espacio social fundamental (que no necesariamente es un espacio físico) y el mecanismo básico de asignación de recursos de la **teoría** económica **liberal**. Acepciones de M: 1- **cautivo**: Existe MC cuando en un país se toman medidas **proteccionistas** que limitan la **oferta** y bloquean la entrada de **productos** extranjeros, 2- **común**: Acuerdo entre un conjunto de países por el que se eliminan los controles a los movimientos del **capital** y del **trabajo**, de manera que los **factores** y los **bienes** puedan moverse libremente. En una etapa, el MC puede ser una **unión aduanera** para luego convertirse en una **unión económica y política**. Ejemplo: **MC europeo**, 3- **controlado**: **M de divisas** donde la autoridad monetaria interviene para regular el **tipo de cambio**, 4- **de bienes de consumo**: Lugar donde se encuentran los compradores, (las **familias**) con los oferentes de los **productos** (las **empresas**), para determinar qué **bienes** se han de producir. Los compradores, con su posibilidad de **consumo**, establecen el nivel de **demanda** y los productores con su posibilidad de **beneficio**, el nivel de la **oferta**, 5- **de capitales:** Parte del **sistema financiero** en la que los intermediarios negocian **títulos** que emiten el **gobierno**, las **empresas** o las propias **instituciones** financieras, conectando a ahorristas e inversionistas para la realización de **préstamos** a largo plazo, 6- **de dinero:** Parte del **sistema financiero** en la que se realizan **préstamos** a corto plazo, 7- **de divisas: M** en el que se venden y compran **monedas** de distintos países a determinado **tipo de cambio.** También llamado **M cambiario**, 8- **de factores de la producción:** Lugar donde la **oferta** y la **demanda** determinan para quiénes se producen los **bienes. Los factores de producción** –las **familias** y las **empresas**- determinan los **salarios**, las **rentas** de la tierra, los **tipos de interés** y los **beneficios**. Son los denominados **precios de los factores**, 8- **de futuros: M** en el que se pactan **contratos** a **precios** establecidos hoy, para ser cumplidos en un cierto plazo. Por ejemplo, la venta de **futuros** de **petróleo** implica el compromiso de entregar el petróleo en un plazo a partir de hoy y al precio establecido en el contrato, 9- **de trabajo:** Espacio social de la **sociedad capitalista** en el que se produce la compraventa de **fuerza de trabajo** libre, cuyo **precio** es el **salario**, 10- **de valores:** Conjunto de las **sociedades anónimas** adheridas a las **bolsas** de comercio, cuya función es garantizar y liquidar todas las operaciones realizadas en las mismas, 11- **financiero: M** en el que compran y venden diversos instrumentos **financieros.** Por ejemplo, **títulos, bonos, acciones**, etc, 12- **interno:** Transacciones de **bienes** y **servicios** entre oferentes y demandantes que se realizan al interior de un país, 13- **libre: M de divisas** donde la autoridad monetaria no interviene para regular el **tipo de cambio**, 14- **negro:** Conjunto de actividades económicas ilegales o no registradas legalmente, que recibe también el nombre de **economía informal.** Se llama también MN al **M** ilegal que funciona en momentos de **escasez** y donde los **precios** suben desmedidamente, 15- **presente: M** en el que los **bienes** y **servicios** se entregan en forma inmediata, 16- **primario: M** donde el productor ofrece su **producto** en forma directa, 17- **secundario: M** de reventa donde los **bienes** son transados por segunda, tercera o más veces por personas diferentes a los productores directos.

Mercadointernismo: Política económica orientada a desarrollar el **mercado interno** en detrimento del **comercio** exterior. En este sentido, es muy importante la acción **proteccionista** del **Estado**, por ejemplo, a través del fomento del **consumo** local, el establecimiento de **aranceles** de **importaciones** altos, el manejo del **tipo de cambio** (que tiende a mantener la

moneda nacional sobrevaluada para desalentar las **exportaciones**), desgravaciones impositivas, etc.

Mercancía: Bien (o **mercadería** o **servicio**) que posee cierta utilidad y que se produce con el fin de ser intercambiado en el **mercado**. Toda M tiene un **valor de uso** –creado por el **trabajo concreto**- y un **valor de cambio** –vinculado al **trabajo abstracto**-. Según D. **Ricardo** y K. **Marx**, el **valor** de una M está determinado por la cantidad de **trabajo socialmente necesario** para producirla, medida objetiva que permite comparar e intercambiar diferentes valores de uso. Según Marx, la M engloba dos procesos: **proceso** de **producción** de valores de uso y proceso de creación de valor. La M **fuerza de trabajo** es la única M que –en la esfera de la **producción**- reproduce su propio valor y genera un **plusvalor**. De este modo, la forma **capitalista** de la producción de M es la suma del **proceso de trabajo** más el **proceso de valorización**.

Mercantilismo (Europa, mediados del siglo XV-mediados del siglo XVIII): Conjunto de ideas económicas que planteaban que un país es más rico cuantos más metales preciosos tenga. El M surgió en el contexto de la disgregación del **feudalismo**, la aparición de los Estados nacionales y la expansión colonial de la **burguesía comercial** europea, en el marco de los descubrimientos geográficos y el surgimiento de nuevas fuentes de **materias primas** y **yacimientos** de oro y plata, que aceleraron enormemente la expansión del **comercio** mundial. Fue la **teoría** económica del **absolutismo monárquico**. Algunas características del M: objetivo de **balanza comercial** positiva, inexistencia de **impuestos** al comercio, fomento de la circulación de **bienes** dentro del **territorio** controlado por un **Estado** interventor (no más aduanas o limitaciones interiores), impulso de las **exportaciones** de bienes, aliento de la **producción** nacional, reducción de **importaciones** (por medio de diversas ordenanzas y **gravámenes**), prohibición de salida de oro, plata y monedas. En el **capitalismo mercantil**, el Estado otorgaba privilegios a ciertas compañías comerciales para la extracción de metales preciosos y la comercialización de productos tropicales. El lema más conocido del M es "**vender caro y comprar barato**". Algunos autores distinguen dos tipos de M: el *bullionismo* (*bull on metal*) en los siglos XV y XVI –que identifica metal con riqueza- es un M reduccionista y dogmático. Se basa en: no importar **bienes de lujo**, no exportar metales preciosos, buena administración de la **moneda**, **control de cambios**, etc. En esta fase la riqueza equivale a la cantidad de metales preciosos que un país atesore, cerrando lo máximo posible la salida de **dinero** y teniendo en cuenta que el origen del **beneficio** está en el **comercio exterior**. Su fórmula: D-M-D´ (dinero-**mercancía**-dinero incrementado). Con el agotamiento de las reservas de oro y plata en América, en el siglo XVII aparece el M "desarrollado", que abandona la identificación metal-riqueza y se centra en obtener un excedente comercial –**balanza comercial** favorable– mediante una política proteccionista e industrialista. Aquí la riqueza se consigue y aumenta por medio de la **producción** de aquellas mercancías cuya exportación generara beneficios en el comercio exterior (**manufacturas**). Esto es, que aunque se mantiene al comercio exterior como fuente de riqueza, aparece la producción como novedad. Su fórmula: D-M...P...M-D´ (dinero-mercancía-producción-mercancía-dinero incrementado). El M más tosco se desarrolló especialmente en **España** –con una **burguesía** débil– mientras que las versiones más avanzadas tuvieron su centro en **Inglaterra** y **Francia** (esta última con un **proteccionismo agrícola**). El M entró en decadencia con la aparición del pensamiento **liberal**, etapa en la que el **capitalismo** viró definitivamente su eje desde la circulación a la producción de mercancías. Entre los pensadores mercantilistas se destacan Jean B. **Colbert**, Thomas Mun, Antonio Serra y Antoine Montchrétien.

Microeconomía: Parte de la **economía** que explica el comportamiento de los **agentes** económicos o unidades individuales (consumidores y productores) en **mercados** reducidos y la formación de los **precios** en dichos mercados, poniendo énfasis en la **distribución** de los **ingresos**. La M como óptica económica está muy ligada a la visión **neoclásica**, aunque otras posturas también la adoptan.

Mill, John Stuart (1806-1873): Economista y filósofo **utilitarista** inglés, planteó que la **norma** de la felicidad es el placer o ausencia de dolor. Continuador de la obra de David **Ricardo**, sostuvo que en la **economía** existen **leyes** de la **producción** (regidas por la naturaleza y por lo tanto inmutables) y leyes de la **distribución** (que están sometidas a control del hombre), aunque no compartía con los clásicos la visión del *laissez faire* –promovía la **libre competencia** en la producción y el **comercio** pero abogaba por una distribución más equitativa de la riqueza, con un criterio de nivelación social-.

Modo de producción: Forma en que los hombres producen lo necesario para vivir en un lugar y época determinados, a partir de una específica combinación de **fuerzas productivas** (estado de la **fuerza de trabajo** y la **tecnología**) y **relaciones de producción** (relaciones sociales humanas). **Marx** sostiene que mientras las fuerzas productivas puedan seguir desarrollándose, las relaciones de producción sostendrán una **estructura** de **clases** específica de cada MDP. Pero cuando esas relaciones se constituyen en una traba para ese desarrollo, esa contradicción abre una época revolucionaria que tarde o temprano desemboca en la formación de un nuevo MDP dominante. Todo MDP es una construcción ideal; en la realidad, junto con un MDP dominante, coexisten diversos MDP, más o menos desarrollados, conformando en su conjunto una **formación económico-social**. Los más destacados son: 1- **capitalista (siglo XV →)**: El **capitalismo** es un **modo de producción** en el que los instrumentos y utensilios, es decir, los **bienes** por medio de los cuales se realiza la **producción** –en definitiva, el **capital**- son de **propiedad privada** o individual. Esto implica la concentración de la propiedad en unas pocas manos y la carencia de propiedad por parte de la mayoría. Unos tienen y otros trabajan para aquellos que tienen. Ésta es la base del conflicto entre capital y **trabajo**, entre los que no trabajan y explotan el trabajo ajeno, contra los que trabajan para aquellos. La concentración de la propiedad genera una compulsión económica que obliga a los que no son propietarios a alquilarse a los propietarios, convirtiéndose en **asalariados**. Para que algunos vivan sin trabajar –los capitalistas o **burguesía**– otros –los trabajadores o **proletariado**– deben producir más de lo que ganan, más que el valor de su **fuerza de trabajo** (remunerada con el **salario**) y ese "más valor" es el **plusvalor** o **plusvalía**, tal como lo llamó **Marx**, o el **excedente**, como lo denominó Adam **Smith**. Esa plusvalía es la base de la **acumulación de capital** con la que el sistema se reproduce. Los economistas burgueses han argumentado que los capitalistas aportan a la producción la maquinaria, del mismo modo que los trabajadores aportan su trabajo. Y que, supuestamente, sin el deseo capitalista de producir para ganar, no se podrían lograr avances técnicos o productivos. El marxismo sostiene que todo esto es falso: que el capitalista no aporta nada porque todo lo que existe como producción ha sido creado por la clase trabajadora y que la clase capitalista no hace más que parasitar a aquella. Históricamente, el MPC surge entre la segunda mitad del siglo XVI y comienzos del siglo XVII y se consolida como modo de producción dominante con la **Revolución Industrial**, 2- **esclavista (4.000 a.C.-siglo V)**: Forma de **producción** basada en el **trabajo forzado** de los **esclavos** en favor de su **clase** propietaria, los **amos** o **esclavistas**, propietaria de los **medios de producción** y de la **fuerza de trabajo**, a la que debía sostener. El MPE fue el primer **modo de producción** que se basó en la **propiedad privada** de los medios de producción. Características del MPE: **agricultura** como producción dominante, mano de obra esclava y -en el caso de la **esclavitud antigua**- **comercio** marítimo centrado en el Mar Mediterráneo, etc. El MPE se habría originado, según **Godelier**, en el **modo de producción antiguo**. La esclavitud fue el modo de producción sobre el que se asentó la riqueza, el bienestar y los logros de los hombres libres de la **Antigüedad** clásica. Más allá de algunos logros técnicos (método de soplado de vidrio, molinos giratorios para el grano), el crecimiento económico del MPE se basó en la expansión territorial, la conquista, el desarrollo comercial y el **trabajo forzado**, aunque el **excedente** era escaso. La civilización clásica greco-romana tuvo un carácter colonial: el crecimiento económico dependía de la conquista militar de **territorios** y esclavos. El MPE declinó como forma dominante aproximadamente en el siglo V, con los inicios de la **Edad Media**, al constituirse en una traba para el **desarrollo** de las **fuerzas productivas**. Fue sustituido por el **MP feudal**, pero diversas formas de esclavitud han existido hasta el siglo XX, 3- **feudal (siglos V-XIV):** Forma de **producción** basada en la **servidumbre**, el **trabajo forzado** de los **siervos** en favor de la **clase aristocrática** hereditaria propietaria de la **tierra**, la **nobleza**, a quien aquellos estaban obligados por la **coacción** física a entregarles parte de su producción en concepto de **tributo**. Fue el MP dominante en la **Edad Media**. Las características del MPF son: escasa **población**, producción para el autoconsumo (**economía de subsistencia**), baja **división del trabajo**, sociedad encerrada en sí misma, casi incomunicada, poco intercambio comercial, ausencia de una autoridad política, militar y monetaria central –**soberanía** fragmentada-, formación de **feudos** (grandes tierras bajo el **poder** de señores **feudales**), una cultura religiosa **tradicionalista** que no permitía el cuestionamiento de las "verdades divinas", con un orden jerárquico inamovible y con la **Iglesia** Católica como máxima autoridad.

Moneda: Forma de **dinero** surgida en la **Antigüedad** como alternativa al **trueque**. El oro y la plata, las hojas de coca, la yerba mate, etc, han sido utilizados como M, mucho antes de la introducción de la aparición de la M metálica. En los últimos siglos se han desarrollado formas de M escritural, como es el caso de los cheques. También se le llama M a la unidad monetaria de un país (peso, dólar, etc); en este sentido hay M fuertes y débiles, según su valor sea o no estable en el cambio internacional. **M legal: Moneda** de curso legal y forzoso no convertible en metales preciosos.

Monetarismo: Doctrina económica **neoliberal**, que plantea que los orígenes de las **crisis** económicas están en la extrema intervención estatal en el **mercado** y el **gasto público** excesivo. Para el M, la **tasa de interés** es una **variable** determinada con independencia de la **oferta monetaria**, por lo que los efectos de las **políticas** de contracción monetaria se manifiestan en los **precios** y no en el **empleo**. Lo esencial del M gira en torno de una **política monetaria** restrictiva que apunte a la **deflación** y se oriente a un nivel estable de precios -donde la **oferta** de **dinero** debe ajustarse a la **demanda agregada**- y al mantenimiento del **pleno empleo**. Por el contrario, restan importancia a la incidencia sobre la demanda de la **política fiscal**. La doctrina monetarista es dominante en las entidades de **crédito** internacionales como el **FMI**, recomendando la implementación de **ajustes** y reformas estructurales a las economías nacionales, especialmente a los países de la **periferia**. Uno de sus referentes principales es Milton **Friedman** (ver también **neoliberalismo** y **neoclásicos**).

Monopolio: Caso extremo de la **competencia imperfecta** en que existe en un **mercado** un único vendedor en condiciones de aumentar el **precio** y reducir su **producción**. El M -comparado con la **competencia perfecta**- reduce la producción, eleva el precio y detiene la evolución del **mercado**. Aunque es raro el M absoluto, son comunes la **competencia monopolística** y la **competencia imperfecta**. Ver también **oligopolio** y **monopsonio**. **M bilateral:** Es el caso en que existe un solo oferente y un único demandante. Por ejemplo, una única **empresa** hidroeléctrica que vende toda la electricidad a una planta productora de aluminio.

Monopsonio: Existencia en un **mercado** de un único comprador. Llamado también **monopolio de demanda**.

Motivos económicos (John Keynes): 1- **empresa:** Motivación para ahorrar ligada a la necesidad de las **empresas** de tener recursos para aumentar las **inversiones** de capital. Afecta la **propensión a consumir**, 2- **especulación:** Motivación que tiene el **individuo** para conservar **dinero** –**preferencia por la liquidez**- en función de la incertidumbre frente al futuro respecto del curso de la **tasa de interés**. A menor tasa de interés mayor motivo para mantener **liquidez** y a mayor **tasa de interés** mayor **especulación**, 3- **liquidez:** Motivación relacionada con la búsqueda de fondos para afrontar emergencias o momentos de **depresión**. Afecta la **propensión a consumir**, 4- **mejoramiento:** Motivación para ahorrar que busca aumentar gradualmente los **ingresos**. Afecta la **propensión a consumir**, 5- **precau-**

ción: Motivación que tiene el **individuo** para conservar **dinero -preferencia por la liquidez-** con el fin de hacer frente a gastos imprevistos, 6- **prudencia financiera:** Motivación para ahorrar con el fin de protegerse de riesgos y situaciones imprevistos. Afecta la **propensión a consumir,** 7- **transacción:** Motivación que tiene el **individuo** para conservar **dinero** en su poder **-preferencia por la liquidez-** con el fin de realizar ciertos pagos y comprar **bienes** y **servicios.**

Movilidad de factores: Facilidad de desplazamiento de los **factores de la producción** para distintos usos.

Multilateralismo: Comercio realizado entre muchos países, en contraste con el **bilateralismo** (ver).

Multiplicador (K) (John M. Keynes): Coeficiente que vincula el aumento del **ingreso** nacional con el de la **inversión.** El M establece que, ante un aumento de la **inversión** total (I), el ingreso se incrementará k veces. Por ejemplo, si un incremento del gasto de inversión por un millón de pesos (por caso, realizado por el **gobierno**) produce un aumento de la **renta** nacional por un valor de cinco millones, el M es cinco. La fórmula es la siguiente: $\circ Y = k. \circ I$. De modo que k crece cuando la $\circ Y$ **propensión marginal** lo hace. Lo que el M pretende demostrar es que lo que genera cre-

cimiento en la **economía** es el **consumo** (compras de **bienes de consumo** por parte de las personas, de **bienes de capital** por parte de los **empresarios** o el **Estado, exportaciones,** etc) y no simplemente el **ahorro,** que era el planteo de la **economía clásica. M monetario (k):** Número de unidades monetarias en que puede incrementarse la **oferta monetaria** por cada unidad agregada.

N

Nacionalismo económico (mediados del siglo XIX →): Escuela económica crítica del **liberalismo,** que sostiene que el interés privado debe subordinarse al interés **público** y al fortalecimiento de la **Nación** (concepto desestimado por **Smith** y **Ricardo**). El NE propone el **intervencionismo estatal** y el **proteccionismo** para desarrollar la **industria** manufacturera y la defensa nacional (en el caso de **List** se llega incluso a una apología de la **guerra** como factor de desarrollo nacional). De acuerdo con el NE, el rol del **Estado** es fundamental para sacar a las naciones del salvajismo, llevándolas al **desarrollo agrícola,** manufacturero y comercial. El mencionado Friedrich List fue su pensador más destacado.

Nacionalización: Expropiación de una **empresa** de **capital** privado por parte del **Estado**. La N o **estatización** puede desarrollarse dentro de los marcos del régimen social imperante –por ejemplo, las N **burguesas**, como las implementadas por el **peronismo** en la **Argentina** o por **partidos socialdemócratas** en el marco del **Estado de Bienestar Keynesiano** en Europa– o bien formar parte de un **proceso** de transformación social –como fue en el caso de la **Revolución Rusa**–. Casos: 1- **de la banca**: Traspaso de los **bancos** privados al **Estado**. La NB puede tener un carácter **estatista** dentro del régimen **capitalista** o formar parte de medidas de corte **socialista**, anti-capitalista, 2- **del comercio exterior**: Traspaso del **comercio exterior** –es decir, del control de la entrada y salida de **mercancías, divisas y capitales**- al **Estado**. Al igual que en el caso de la **N de la banca**, la NCE puede tener un carácter **estatista** dentro del régimen **capitalista** o formar parte de medidas de corte **socialista**, anti-capitalista, 3- **de los depósitos bancarios**: Traspaso a manos del **Estado** del control y administración de los **depósitos** de todos los **bancos** –estatales y privados–, con el fin de reorientar el **crédito** para fomentar determinadas actividades. No implica una **N de la banca**, ya que los bancos privados continúan operando, aunque más limitadamente. Se trata de una medida de corte **estatista** –no socialista–, que en la **Argentina** fue implementada por J. **Perón** en 1946 y en 1973.

Neoclásicos (década de 1870 →): Escuela económica surgida en un contexto –**Segunda Revolución Industrial**– de **auge** económico, avances técnicos y una gran incorporación de **capital** a la **producción**. Teóricos justificatorios del orden económico social **capitalista** (que abandonaba progresivamente la **libre competencia** y comenzaba su **proceso** de formación de **monopolios**), los N toman de los **clásicos** los conceptos de orden natural, **mano invisible** y *laissez faire*, pero desechan la **teoría del valor-trabajo**, ligada a la producción y adoptan la **teoría subjetiva del valor**, que considera a la determinación del **valor** como una cuestión subjetiva, psicológica, que depende de la satisfacción o **utilidad marginal** que cada bien consumido le aporta a un **individuo** plenamente racional, el que debe escoger qué necesidades satisfacer frente a **bienes** escasos (toman como base a las **Leyes de Gossen**). En este sentido, desvían el énfasis sobre el análisis desde los **costos de producción** hacia el problema de la **demanda** y el **consumo**. Las diferencias entre los clásicos y los N pueden resumirse en las siguientes: a) del análisis de la **oferta** se pasó al análisis de la **demanda**, b) del análisis del **costo** se pasó al de la **utilidad**, c) de la teoría del valor-trabajo se pasó a la **teoría de la valía**, d) del largo plazo se pasó al corto plazo y, e) de la **macroeconomía** se pasó a la **microeconomía**. Este viraje teórico estaba fundamentado en el mencionado pasaje de la libre competencia al capitalismo monopolista, dada la intensificación de la competencia causada por la expansión mundial del capitalismo. El surgimiento de los monopolios llevó a la necesidad de dar prioridad al "análisis de mercado", esto es, de la demanda y sus reacciones ante los precios. El **capital** es considerado un factor que genera valor, al igual que el **trabajo**. Así, cada **factor** es remunerado por su aporte *marginal* en la creación de un **producto** (es por esto que los N también son conocidos como **marginalistas**). La **economía**, aunque puede sufrir desajustes, tiende al equilibrio en el largo plazo (**teoría** del equilibrio). El **desempleo** sólo existe por voluntad de los que no quieren trabajar por el **salario** vigente y se resuelve cuando la **inversión privada** se recupera. El **Estado** debe abstenerse de intervenir, ya que es un estorbo para el libre funcionamiento del **mercado** competitivo, compuesto por múltiples pequeñas y medianas **empresas**. El **objeto de estudio** del economista debe ser el comportamiento de organizaciones o personas en el mercado (microeconomía), observando los cambios pequeños y unitarios de las **variables** económicas, sin consideración de las **clases sociales** ni de la **historia**. Los hombres son vistos como **agentes económicos**, donde cada **individuo** es propietario de un **factor productivo** al que ofrece

en el mercado, recibiendo una retribución monetaria acorde con su participación en la creación de la riqueza. Según los N, no habría límites a la expansión de la riqueza. Toda la economía se sostendría en la **Ley de Say**: "**Toda oferta crea su demanda**", negando así la posibilidad económica de una **superproducción** (exceso de productos que no se venden). El accionar de los monopolios hacia finales del siglo XIX (que barrieron con la **competencia perfecta** y dieron lugar a la **competencia imperfecta**), la **Primera Guerra Mundial** (que refutó la idea de un mundo armónico y equilibrado), la consolidación del **imperialismo**, la **Revolución Rusa** y la **Crisis del 30** golpearon duramente a los N, que a partir de allí entraron en decadencia (aunque *aggiornándolo* el **neoliberalismo** ha intentado su rescate). Entre los N podemos encontrar tres vertientes: austríaca o psicológica –Karl **Menger** (1840-1921), Friedrich von Wieser (1851-1926) y Eugene von Bohm-Bawerk (1851-1919) –, matemática –León **Walras** (1834-1910), William Stanley **Jevons** (1835-1882) y Wilfredo **Pareto** (1848-1923) – y anglo-americana –Alfred **Marshall** (1842-1924) y John Bates Clark (1847-1931) –.

Neoconservadorismo (1945 →): Reformulación del **conservadorismo** surgida en la posguerra, en el marco de la **Guerra Fría**. El concepto se aplica particularmente a los gobiernos de

Margaret **Thatcher** en **Inglaterra** y Ronald **Reagan** en **EE.UU.**, de fines de la década de 1970 y comienzos de la de 1980. Sus postulados más importante sostienen: la reducción de los **gastos** sociales del **Estado** (contra el **Estado de Bienestar**), la **privatización** de las **empresas** estatales, el combate al **déficit fiscal** y a la **inflación**, la reducción de **impuestos** a las **ganancias capitalistas**, el ataque a las conquistas sociales de los **trabajadores**, la **flexibilización laboral**, la reducción de **salarios**, el aumento de los gastos militares, etc. En el plano más estrictamente económico, el N es también denominado **neoliberalismo**.

Neoliberalismo (fines de la década de 1970): Corriente de economistas que surgió como reformulación del **liberalismo** clásico y su *aggiornamiento* a la era de la **globalización**. Con la **Crisis del Petróleo**, el N hizo una seria crítica del **keynesianismo**, al que veía como antesala del **comunismo** (el N plantea que la libertad es amenazada por la extensión de la planificación económica). El N accedió al **poder** en Inglaterra (**Thatcher**) y EE.UU. (**Reagan**). Para el N, el **mercado** -en lugar del **Estado**- es el que debe asignar los recursos a la **sociedad** a través del libre juego de la **oferta** y la **demanda**, incluyendo la determinación de los **salarios** y los niveles de **desempleo**. El mercado determinaría qué sectores sociales obtienen más medios necesarios para cubrir sus demandas. Los **individuos** más competitivos serían los que obtengan la mayor cantidad de **bienes y servicios**. El N postuló la necesidad de incrementar la **productividad** de la **economía** sobre la base de una mayor **inversión** en **investigación y desarrollo**, con rebajas de **impuestos** al **capital** y de las **tasas de interés**, **política monetaria** moderada, **privatizaciones** y énfasis en la calidad de los **productos**, en desmedro de su masividad y estandarización. La difusión mundial en la década de 1990 de las políticas económicas neoliberales –también llamadas **neoconservadoras**- ha agravado en forma dramática los niveles de **pobreza** y desempleo. Los críticos de esta **teoría** sostienen que en las sociedades **capitalistas** actuales no existe la **libre competencia**. Los keynesianos y **socialdemócratas** plantean que sólo la regulación estatal del **mercado** puede paliar las desigualdades. El **marxismo**, por su parte, sostiene que no hay igualdad posible bajo el régimen social **capitalista**. Con un primer antecedente en Walter Lippman (*La ciudad libre*, 1936), se considera a Friedrich **Von Hayek** (**Escuela de Viena**) y a Milton **Friedman** (**Escuela de Chicago**) como a dos de los autores fundamentales del N.

O

Obsolescencia: Disminución de la vida útil de un **bien de consumo** o de un **bien de capital** producida por un cambio económico o tecnológico. Por ejemplo, puede decirse que el videocassette sufre de O a partir del surgimiento del DVD. Nótese que no debe confundirse la O con la **depreciación**.

Ocupación: Parte de la **fuerza de trabajo** empleada. **O plena:** Situación en que se encuentra la parte de la **población económicamente activa** formada por los que trabajan 35 o más horas semanales.

Oferta: Conjunto de la **producción** de **bienes** y **servicios** disponibles para ser vendidos en el **mercado** y consumidos por una **demanda** (ver también **elasticidad de la O** y **curva de O**). **Oferta agregada:** Suma del **PBI** (**bienes** y **servicios** producidos en el país) y las **importaciones**, o cantidad de **bienes** que se ofrecen a cada **precio**. Así, la OA depende del **producto** potencial, el nivel general de precios y los **costos**. **Oferta monetaria:** Dinero compuesto por los billetes y **monedas** emitidos por la autoridad monetaria en manos del público y los **depósitos a la vista** (**M1**), M1 **más** las imposiciones en caja de **ahorro** (**M2**) y M2 + los plazos fijos (**M3**). Según el **monetarismo**, cuando la OM supera a la **productividad** de la **economía**, se produce **inflación**.

Oligopolio: Situación de **competencia imperfecta** que se basa en la existencia en un **mercado** de pocos productores o vendedores. Por lo general, los O acuerdan **precios** mínimos, aunque también pueden entrar en una guerra de precios. También determinan la forma, tiempos y calidad de fabricación de los **productos**. Ejemplo: Coca Cola y Pepsi Cola. **Oligopolio bilateral:** Existencia en un **mercado** de un número reducido de oferentes y demandantes de cierta categoría de **bienes**. **Oligopolio concentrado:** Tipo de **oligopolio** en el que dos o tres **empresas** elaboran uno o más productos afines, concentrando más del 80 % de la **producción** de los mismos y determinando los **precios**.

Oligopsonio: **Mercado** en que la mayor parte de las compras son efectuadas por unos pocos consumidores, a una cantidad grande de vendedores. Por ejemplo, es el caso de las grandes **empresas** industriales elaboradoras de lácteos que adquieren sus **insumos** a numerosos tamberos. En el O al **precio** lo determinan los compradores.

Operaciones a plazo: Compra y venta de **mercancías** con un plazo de entrega a futuro. Las OP buscan la protección frente a los riesgos del mer-

cado, estableciendo de antemano el **precio** de la transacción.

Operaciones de mercado abierto: Compra y venta de **activos financieros** por parte del **Banco Central** con el fin de aumentar (si compra) o disminuir (si vende) la **base monetaria.**

P

Papel moneda: Billetes de **banco** emitidos por la autoridad monetaria. La primera emisión de PM data de 1656.

Paradoja de la frugalidad (John M. Keynes): Situación contradictoria que lleva a que un aumento en el deseo de ahorrar pueda llevar a una caída del **ingreso** y finalmente a una disminución en la cantidad de **ahorro** de equilibrio.

Paradoja del valor (neoclásicos): Situación por la cual determinados **bienes** indispensables para la vida (por ejemplo, el agua) tienen un bajo **precio de mercado,** mientras que ciertos **bienes de lujo** (por ejemplo, diamantes) poseen un alto precio de mercado. Esto se explica por el hecho de que el precio no refleja la utilidad total de una mercancía sino su **utilidad marginal.**

Paraíso fiscal: Estado o **territorio** donde el **fisco** no averigua el origen de los fondos depositados. Esta situación favorece el depósito de **dinero** proveniente de prácticas delictivas, como el lavado de dinero o el tráfico de armas. Los PF tienen la finalidad de evadir **impuestos** y de reinsertar el dinero mal habido en una nueva forma, esta vez legal.

Paridad cambiaria: Relación de **valor de cambio** entre una **moneda** y otra de referencia.

Patrón de cambios: 1- **P de cambios-oro:** Variante del **patrón oro** que se sostiene en el mantenimiento, por parte del **Banco Central,** de reservas en **divisas** y su articulación con las reservas en oro. Estuvo en vigencia desde los acuerdos de **Bretton Woods** hasta la declaración de **inconvertibilidad** del **dólar** estadounidense en 1971, 2- **P dólar:** Los acuerdos de **Bretton Woods** (1944) dictaminaron que cada **gobierno** establecería un **precio** del **dólar** norteamericano en su **moneda** nacional, mientras que **EE.UU.,** fijaría el precio del oro en dólares. Así, el dólar norteamericano se convirtió en la reserva exterior de todos los países y en medio de pago internacional, 3- **P oro: Sistema** monetario en el que se fija legalmente el **valor** de la **moneda** con respecto a determinada cantidad y calidad de oro, el cual opera como **reserva** para la **emisión** monetaria (el **dinero** puede convertirse en oro). Situación en que un país compra y vende oro al mismo **precio**. El oro pasa a formar parte del **tipo de cambio** cuando otro país también adopta el PO. Así sucede, por ejemplo, si **EE.UU.** fija el precio del oro en dólares e **Inglaterra** lo hace en libras. Al estar cada moneda relacionada con el oro se relacionan entre sí por un **tipo de cambio fijo**. El PO se implementó luego de la **Primera Guerra Mundial**, reemplazando al sistema de **paridades cambiarias** fijas y la libre **convertibilidad** de la pre-guerra, pero nunca logró la estabilidad necesaria (creando desequilibrios en las **balanzas de pagos**) para reconstruir el **comercio** mundial, abandonándose varias veces (por ejemplo, en Inglaterra en 1931 y en EE.UU. en 1933 por iniciativa de F. **Roosevelt**) y finalmente en 1971, cuando EE.UU. decretó la inconvertibilidad del **dólar** y emitió esta moneda sin respaldo en oro.

PBI: Producto Bruto Interno, es la suma del **valor agregado** por todas las **empresas** privadas y públicas que operan en un país en un período determinado. También puede definirse como el **valor** total de gastos hechos por las **familias** y las **empresas** en la compra de **bienes finales** de **consumo** y en **inversión más** el **gasto** del **Estado** más las **exportaciones** menos las **importaciones**, necesarios durante un tiempo determinado (por ejemplo un año). Así: PBI = Consumo de las familias + Inversión de las empresas + **Gasto público** + Exportaciones - Importaciones. Sólo suma los bienes finales, descontando los **insumos** (**bienes intermedios** y **materias primas**). Tipos de PBI: 1- **a precios constantes**: Es el que utiliza los **precios** tomándolos de un promedio obtenido de un año base. Este indicador, al no recoger la variación en los **precios nominales**, permite captar más globalmente el desarrollo de una **economía**, 2- **a precios corrientes**: Es aquel que muestra el **valor** de todos los **productos** finales tomando los **precios** existentes al momento de la medición, 3- *per capita*: Resulta de dividir el **PBI** por la **población**, tomando generalmente una suma en dólares para expresarlo. Este **indicador** es el que mejor muestra el **desarrollo** de una **economía**.

Petty, William (1623-1687): Economista y médico y británico. Según **Marx**, P fue el fundador de la **economía política** burguesa clásica en **Inglaterra**. En oposición al **método** descriptivo del **mercantilismo**, utilizó un método de investigación cuyo objetivo era penetrar en la **esencia** de los **fenómenos** económicos. Su aporte sentó la piedra fundacional de la posterior **teoría del valor-trabajo**, al trasladar la prioridad del análisis desde la esfera de la **circulación** (mercantilismo) a la esfera de la **producción**. Distinguió dos tipos de **precios**: políticos (precios de **mercado** que varían según marche la situación **política**) y precios naturales (no dependientes de cuestiones histórico-políticas). Estableció que si una unidad de trigo y una onza de plata requirieron para su producción el mismo tiempo de **trabajo**, la onza de plata es el precio natural de la unidad de trigo, ya que para la obtención de ambos se invirtió la misma cantidad de trabajo. En otras palabras: el tiempo de trabajo es la base del precio natural, siendo el primer pensador que estableció al trabajo como fuente de **valor** de las **mercancías**, fundamentando que su intercambio estaba regulado por la cantidad de trabajo utilizada para producirlas. Como limitación, P no logró distinguir entre precio y valor, debido a que sólo concebía el valor como **dinero** (donde podemos observar la influencia del mercantilismo, que asociaba riqueza con dinero). De este modo, P tomó al trabajo en la **industria** extractiva del oro como medida del valor. También confundió **valor de uso** con valor y **trabajo concreto** con **trabajo abstracto**. Sí se diferenció del mercantilismo al considerar perjudicial el exceso de dinero. En cuanto al **salario**, consideró que éste sólo debía cubrir un mínimo de subsistencia y que todo lo que quedase por encima de ese mínimo (que sumado a la reproducción de las semillas **agrícolas** constituían algo así

como el **costo de producción**) era la **renta** (desconocía el concepto de **ganancia**), donde precio del producto agrícola – gastos = renta. Fue precursor también en la determinación del precio de la **tierra** por medio de la capitalización de la renta, lo que significa que el precio de la tierra es una renta sobre la tierra capitalizada. Entre sus obras principales encontramos a: *Tratado de los impuestos y las tasas* (1662), *Ensayos de aritmética política* (1676) y *Diversas cuestiones acerca del dinero* (1682).

Pleno empleo: Aunque Lord Beveridge definió al PE como la situación en la que hay "más **empleos** vacantes que hombres desempleados" (ya que se considera que **tasas** más bajas constituyen **desempleo voluntario**), hoy existe consenso para definir al PE como al **índice** de **desocupación** menor al 5% de la **población económicamente activa**. Dícese también de la ausencia de **desempleo** provocado por una **demanda agregada** insuficiente (aunque puede haber **desempleo friccional** o **desempleo estructural**), lo que significa que todo aquel que quiere trabajar encuentra **empleo**. Debido a su propia lógica, bajo el **capitalismo** la situación de PE es de cumplimiento imposible

Plustrabajo (Karl Marx): Parte del **trabajo** en la que el **obrero** produce **plusvalía. Trabajo excedente.**

Plusvalía (Karl Marx): Uno de los componentes del **valor** –junto con el **capital constante** y el **capital variable**–. Es la diferencia entre el valor de la **mercancía fuerza de trabajo** que el **capitalista** adquiere por su **valor de cambio** y el valor que el **obrero** crea cuando se pone a trabajar –**valor de uso**, mayor que el valor de cambio-. Es así la parte del **trabajo** producido por el **trabajador** que el capitalista se apropia sin dar retribución alguna, y es también la forma monetaria del **producto** social excedente. La P se produce porque el trabajo del obrero se divide en dos partes: en la primera, el trabajador reproduce su propio valor –cobra un **salario** que le permite comer, vestirse y volver a la **fábrica** cada día-. Este es el valor de la fuerza de trabajo, representado por el salario. En la segunda parte, el obrero produce un valor que supera su propio valor: un plus-valor o plus-valía (cuyo significado es "más valor"). Veamos un ejemplo: supongamos que un capitalista dueño de una cadena de hoteles internacionales, contrata a un cocinero para que haga tortas en uno de sus hoteles. Lo contrata por 12 horas diarias, por $ 800. Es decir que –en principio- 12 horas de su fuerza de trabajo valen $ 800. En las primeras 6 horas de su jornada de trabajo, el trabajador asalariado produce el equivalente en tortas a lo que él necesita para comprarse ropa, comer y mantener a su familia. En esa mitad de la jornada de trabajo, el obrero produce el equivalente al valor de su fuerza de trabajo. Es decir, que produjo tortas por $ 800. De otro modo, no se explicaría que comprando huevos, harina, azúcar y fuerza de trabajo, digamos por $ 1200, el capitalista obtenga ganancia. Si los huevos, la harina y el azúcar le costaron $ 400 y el obrero $ 800, el capitalista vende las tortas en el mercado por $ 1600, quedándose con una ganancia de $ 400. ¿De dónde salió la **ganancia**? Los huevos, la harina y el azúcar sólo reproducen su valor en el valor final de la torta. De modo que sólo la fuerza de trabajo agrega un valor mayor al propio. La ganancia de la clase capitalista se basa en la extracción de P a la **clase obrera**, es decir, en la **explotación** del trabajo ajeno. Del ejemplo del cocinero, nos quedan las 6 horas restantes: el resto de la jornada producirá otro tanto, es decir, tortas por un valor de $ 800, sin recibir nada a cambio. En la otra mitad de la jornada de trabajo, el obrero produce el **plusvalor** que se apropia el capitalista. Así, el valor de la fuerza de trabajo es $ 800, pero el valor del trabajo es $ 1.200 ($ 1.600 - $ 400 de **materias primas** para hacer la torta, **depreciación** de máquinas y herramientas, etc). Los $ 400 restantes son un valor que el cocinero produjo gratis para el dueño del hotel, que lo acumula como **capital**. De este modo, vemos que esa P le permite al capitalista acumular capital, comprar nuevas mercancías y reiniciar el ciclo, explotando de nuevo a la fuerza de trabajo. El capital es trabajo humano acumulado que se usa para explotar más trabajo humano y de ese modo acumular más y más. Existen dos formas: **P absoluta** y **P relativa**. La P es la base fundamental del **modo de producción capitalista**. **P absoluta**: consiste en la prolongación de la jornada de **trabajo** de modo que el **trabajador** produce más en términos absolutos sin recibir aumento de **salarios** (o recibiendo una menor proporción). La PA solamente afecta la duración del trabajo, mientras que la **P relativa** transforma los procedimientos técnicos. En ésta, el **trabajador** produce más en términos relativos, produciendo más en igual período de tiempo, lo que implica un aumento de la intensidad y de la **productividad** del **trabajo** (por ejemplo, cuando se acelera la velocidad de una cinta transportadora para que el **obrero** incremente su ritmo de **producción**). Ocurre cuando- como efecto de alguna innovación tecnológica- disminuye el **tiempo de trabajo socialmente necesario** o tiempo social medio que el obrero utiliza para su propia reproducción (el **trabajo necesario**) y por ende aumenta la parte de la jornada de trabajo en la cual produce **plusvalía** (el **trabajo excedente**).

Población económicamente activa (PEA): Conjunto de personas en edad de trabajar, que trabajan o buscan **trabajo** activamente. Es la suma de las personas que trabajan 35 o más horas semanales (**ocupados plenos**), más las que trabajan menos de 35 horas y los que hacen "changas" con cierta continuidad (**subocupados**) y las que trabajan muy ocasionalmente o que no trabajan en absoluto pero que buscan trabajar (**desocupados**). **Población económicamente inactiva**: Son las personas que ya no buscan **trabajo**, sumados a los que carecen de posibilidades de empleo (niños, discapacitados, ancianos, etc).

Poder adquisitivo: **Índice** que determina el **poder** de compra de una **moneda** y que determina qué puede comprar una persona con su **ingreso** (en especial con relación a los **salarios**; en función de ello, se distingue entre el **salario nominal** y el **salario real**). El PA es inversamente proporcional a la **tasa de inflación**.

Poder monopólico: También llamado **poder de mercado**, es la capacidad que tiene una **empresa** de incrementar el **precio** de su **producto**, reduciendo su propia **producción**.

Poder monopsónico: Capacidad que tiene una **empresa** para forzar la baja del **precio de mercado** de un **bien** en razón de ser la única compradora del mismo.

Política económica: Conjunto de medidas implementadas por un **gobierno** para lograr objetivos económicos generales. Tipos de PE: 1- **cambiaria:** Parte de la **política económica** dedicada al manejo del **tipo de cambio,** el cual puede ser fijo, flotante o flexible, 2- **comercial:** Parte de la **política económica** que regula el intercambio comercial de un país con otros. Entre otros, son herramients de PC los **aranceles,** el **tipo de cambio** y los **subsidios,** 3- **fiscal:** Decisiones adoptadas por el **Estado** en lo referente al **gasto público** y los **impuestos.** Si el gasto público aumenta y/o los impuestos bajan, hablamos de una PF expansiva. A la inversa, si el gasto público disminuye y/o los impuestos suben, hablamos de una PF contractiva, 4- **monetaria:** Determinación de la **oferta monetaria** y las condiciones de **crédito** por parte del **Banco Central.** En la PM es clave la fijación del **valor** y cantidad emitida de la **moneda** y la **tasa de interés.** Se habla de una PM dura cuando se restringe la oferta de **moneda** y se sube la tasa de interés para desacelerar el **crecimiento** del **PBI,** bajar la **inflación** o aumentar el **tipo de cambio.** Y se habla de PM suave cuando se eleva la oferta monetaria para bajar la tasa de interés y aumentar la **inversión.** Otras aplicaciones de PE: 1- **pública:** Conjunto de las acciones de **gobierno.** Son ejemplos de PP: financiar investigaciones sobre el SIDA, otorgar **subsidios** para vivienda, aumentar los **impuestos** o los gastos de defensa, etc, 2- **social:** Conjunto de acciones de **gobierno** tendientes a la redistribución del **ingreso** con el fin de atenuar las desigualdades sociales. Son campos de la PS las políticas de vivienda, salud, **educación** y alimentación, entre otros. Para el **liberalismo,** el **Estado** debe tener un rol **subsidiario** en el plano de la PS, interviniendo sólo para garantizar un piso mínimo de subsistencia para todos (por ejemplo, repartiendo cajas de alimentos entre los **indigentes**). El **Estado de Bienestar keynesiano** surgido tras la **Crisis del 30,** los regímenes **populistas** en América Latina y la **Doctrina Social de la Iglesia** han impugnado la concepción liberal, destacando la importancia de un Estado activo en el campo de la PS. El **marxismo,** finalmente, describe a la PS como un paliativo auto-justificatorio del **sistema capitalista** y propone una transformación social profunda que elimine la existencia de sectores sociales desprotegidos que necesiten de una PS de asistencia, 3- **tributaria:** Parte de la **política fiscal** que se dedica a regular la recaudación de **impuestos.**

Pool: Acuerdo entre **empresas** que fijan mutuamente sus **precios** y cuotas de **producción,** evitando la **competencia** entre ellas y favoreciendo la competencia con otras asociaciones rivales. También se les llama *trusts.*

Precio: Relación que determina la cantidad de unidades monetarias que se debe entregar para obtener una unidad de un determinado **producto.** Los P son un coeficiente de conversión de un **flujo nominal** a un **flujo real.** Así, se compatibiliza la **oferta** y la **demanda** en la **economía,** adecuando lo ofrecido a lo pedido: en términos generales, el P aumenta con el aumento de la **demanda** y la baja de la **oferta,** y a la inversa, aunque no siempre esto es así. Desde el punto de vista del **marxismo,** el P es la expresión monetaria del **valor** de una **mercancía** (valor determinado por el elemento común a todas las mercancías, el **trabajo** humano). Acepciones de P: 1- **absoluto:** P de un **bien** expresado en **dinero,** 2- **de competencia:** P que se forma en un **mercado de competencia perfecta,** 3- **de costo:** Magnitud equivalente al **costo de producción** de una **mercancía,** 4- **de demanda (Alfred Marshall):** P en el que los consumidores están dispuestos a demandar **bienes** en el **mercado,** el cual está determinado por su **utilidad.** Su confluencia con el **P de oferta** da como resultado el **P de mercado,** 5- **de** *dumping:* Práctica de **comercio** desleal, consistente en introducir en un país **productos** a un P inferior al que las **empresas** lo venden en el país de origen, con el fin de desplazar a los competidores, 6- **de eliminación:** P por debajo del P medio de una rama de **producción,** determinado por un **empresario** que tie-

ne **costos** más bajos que el resto, con el objeto de eliminar competidores ya existentes, 7- **de equilibrio:** P para el que la cantidad demandada es igual a la ofrecida. En A. **Smith** es equivalente al **P natural,** 8- **de exclusión:** P por debajo del P medio de una rama de **producción,** determinado por un **empresario** que tiene **costos** más bajos, con el objeto de impedir la entrada de nuevos competidores, 9- **de los factores:** Remuneración de los **factores de la producción,** 10- **de mercado (Adam Smith):** P de un **producto** en un momento determinado y que varía con los cambios en la relación **oferta-demanda.** Según la economía **liberal,** el PM viene dado por la acción de la oferta y la **demanda efectiva,** a través de la "**mano invisible**" del **mercado.** Sin embargo, aunque el PM oscila alrededor del **P natural** de acuerdo con la demanda efectiva, siempre tiende hacia el equilibrio: si el PM supera al P natural, se producirá un exceso de oferta de **bienes,** que hará bajar al PM. Lo mismo sucede si el PM es más bajo que el P natural, 11- **de mercado (Alfred Marshall):** P de un **bien** en el **mercado** que resulta de la confluencia del **P de demanda** y del **P de oferta,** 12- **de oferta:** P en el que los **empresarios** están dispuestos a ofrecer **bienes** en el **mercado,** de acuerdo con los **costos** de necesarios para su **producción.** Su confluencia con el **P de demanda** da como resultado el **P de mercado,** 13- **de producción:** El

PP está constituido por el **costo** más la **ganancia** y es la forma en que se presenta superficialmente el **valor** de una **mercancía**. Es un concepto común a **Ricardo** y a **Marx** (**Smith** lo denominaba **P natural**), 14- de reproducción: **P de producción** que permite la continuidad del **proceso** productivo, 15- **máximo: P** que el **Estado** establece como tope para frenar la **inflación**, 16- **natural (Adam Smith):** Es el **P** central, alrededor del cual gravita continuamente el P de todas las **mercancías** (es decir, el **P de mercado**). Incluye los P naturales del **salario de** los **trabajadores** más la **renta de la tierra** más la **ganancia** natural de los **empresarios**. D. **Ricardo** planteó que es aquel P que no se ve perturbado por ninguna **causa** accidental o temporal, 17- **nominal:** Expresión del **P** de un **bien** en **dinero**, 18- **que vacía el mercado: P de equilibrio**, aquel en el que compradores y vendedores coinciden, 19- **real: P** de un **bien** en relación con el nivel agregado de P. Se obtiene dividiendo el **P nominal** por un **índice general de P**. Así, si el P nominal sube un 10 % y el índice general sube un 20 %, el PR será menor a pesar del aumento en el P nominal, 20- **relativo:** Cociente del **P absoluto** de dos **bienes** que establece una proporción determinada entre ambos. Por ejemplo, si el P absoluto de un libro es de $ 10 y el de una revista es de $ 5, el PR del libro en términos de la revista es de $ 2, 21- **sostén: P** mínimo de compra que el **Estado** reconoce a **empresas** particulares cuando éstas tienen dificultades para colocar sus **productos** en el **mercado**. El PS se aplica especialmente en el caso de las **exportaciones**, 22- **constante: P** de un **año base**, que no se modifica o no se ve afectados por la **inflación**, 23- **corriente: P** del año corriente, que se ve afectado por la **inflación**, o que refleja la inflación existente, 24- **relativo:** Relación de **P** entre diferentes **bienes** y **servicios**.

Preferencia por la liquidez (John M. Keynes): Tendencia a guardar parte de la riqueza en forma de **activos** monetarios. Esto implica que la **demanda** de **dinero** es **función** de la **tasa de interés**. La PPL se produce por **motivos de transacción**, por **motivos de precaución** o por **motivos de especulación** y está vinculada a la llamada **trampa de la liquidez**.

Préstamo: Contrato real por el que un prestamista entrega una cosa o un recurso económico a un prestatario para que la use y la devuelva luego de haberla usado por un tiempo estipulado. En el caso del P en **dinero**, de **activos** físicos o de activos fi**nancieros** la devolución puede incluir un **interés** que cobra el prestamista.

Presupuesto: Proyección de **gastos** e **ingresos** para un período determinado. **P equilibrado:** Se denomina PE a todo **presupuesto** en el que los gastos son iguales a los **ingresos**.

Primera Revolución Industrial (1750-1830 aprox.): Primera etapa de la **Revolución Industrial** y del **capitalismo industrial**, con centro en Inglaterra, caracterizada por el uso del vapor como fuente de **energía**, el **carbón** como combustible, el hierro como **materia prima**, el **taller manufacturero**, el ferrocarril, el telégrafo, el desarrollo de la física, etc. El período 1760-1800 fue la etapa del desarrollo de las industrias textil –con el algodón de Manchester como símbolo- y metalúrgica. A partir de 1800 surgen el **sistema** de **fábrica** y la **maquinización**, la urbanización, el uso de la máquina de vapor y los primeros trenes, momento en que Inglaterra pasó a ser *"El taller del mundo"*. La PRI fue primitiva y los aparatos y técnicas utilizadas eran simples. Con ella, se consolidaron las dos clases fundamentales del capitalismo: la **burguesía** y el **proletariado**.

Privatización: Pasaje a **propiedad privada** de **bienes** pertenecientes a la **Nación**, las provincias o los **municipios**. En la década de 1980 y 1990, la **hegemonía** del **neoliberalismo** generó una ola de P en gran parte del mundo.

Procesos en la producción (Karl Marx): 1- **Proceso de formación de valor:** Fase de la producción capitalista en la que el trabajador produce un valor equivalente a su propia reproducción, es decir, al salario o precio de la fuerza de trabajo que le paga el capitalista. Todo lo que exceda al PCV es el proceso de valorización (creación de plusvalor). También llamado proceso de creación de valor, 2- **Proceso de producción capitalista:** Forma capitalista del proceso de producción de mercancías, consistente en la suma del proceso de trabajo y el proceso de valorización, 3- **Proceso de producción de mercancías:** Suma del **proceso de trabajo** y el **proceso de formación de valor**, 4- **Proceso de valorización:** Fase de la **producción capitalista** en la que se crea la **plusvalía**, **proceso de formación de valor** que a partir de determinado punto excede la reproducción de la **fuerza de trabajo** y genera un **plusvalor**, no remunerado por el **capitalista** y fuente de la **acumulación de capital**, 5- **Proceso de trabajo:** Es aquel por medio del cual el hombre crea y confecciona los **productos** que le permiten satisfacer sus necesidades y deseos. Está formado por la articulación de la **fuerza de trabajo**, la **materia bruta** o **materia prima** y los instrumentos de **trabajo**. **Marx** lo definió como la actividad racional o trabajo útil, encaminado a la producción de **valores de uso** mediante el intercambio de materias entre la naturaleza y el hombre. En el caso del PDT **capitalista**, el objetivo del capitalista es producir valores de uso que posean a su vez **valor de cambio**, es decir, que sean **mercancías**.

Producción: Proceso de transformación social de la naturaleza a partir de la intervención del **trabajo** humano. Proceso mediante el cual los **factores de P** se combinan entre sí para producir los **bienes** y **servicios** que desea la **población**. La P puede medirse en unidades físicas -o unidades de servicios idénticos- o en términos de **valor** -es decir, todo lo que se produce involucra la creación de un valor, desde un zapato a una computadora o a una obra de teatro-. Para el punto de vista **marxista** ver **modo de P** y **relaciones de P**. Algunas definiciones de P: 1- **bruta**: Suma de las cantidades vendidas de todos los **productos** o **servicios** de la **economía** de un país, multiplicados por su **precio**, 2- **intermedia**: **P** que no da como resultado **bienes finales**, sino **insumos** necesarios para otra unidad productiva, 3- **primaria**: Actividad económica que se basa en la extracción directa de **productos** naturales sin realizar, en lo esencial, transformaciones. Pertenecen a la PP la **agricultura**, la **ganadería**, la minería, la pesca, etc.

Productividad: Relación entre lo obtenido tras un **proceso** productivo y los **factores de producción** utilizados en el mismo. La P –como la **producción**– puede medirse en unidades físicas producidas en determinado tiempo por unidad de **insumo** –por ejemplo, piezas por hora-hombre- o en términos de **valor**. La P de los factores de producción depende de un sinnúmero de elementos (**tierras fértiles, obreros** más hábiles, etc). Esto nos conduce al **capital** humano, es decir a la **P del trabajo**: inversión en conocimientos, habilidad o capacitación. Pero también es clave la innovación de la **tecnología**, que redunda en un esfuerzo humano menor por cada unidad de **producto**. Para el punto de vista **marxista** ver **plusvalía**. Algunas acepciones: 1- **del trabajo**: Relación entre la **producción** obtenida y la cantidad de **mano de obra** empleada. Se mide por el tiempo de **trabajo** invertido para producir cada unidad de **producto** o por la cantidad de productos elaborados en determinada cantidad de tiempo. La PDT aumenta con la incorporación de **tecnología**, 2- **marginal (neoclásicos)**: Aumento en la **producción** total provocado por el incremento en una unidad de la cantidad utilizada de un **factor productivo**, 3- **marginal decreciente (neoclásicos)**: Decrecimiento progresivo de la eficiencia productiva a medida que se agregan horas extras a la jornada laboral. Aunque la **productividad** aumenta, la **producción** va decreciendo progresivamente. El primero en formular el concepto fue Hermann **Gossen** (1810-1858), 4- **media (neoclásicos)**: Cantidad de pro-

ducto que produce en promedio cada unidad de un **factor productivo.** Por ejemplo, si diez **obreros** producen tres mil lapiceras por día, la PM por obrero será de trescientas lapiceras.

Producto: Valor agregado desde el punto de vista de lo producido o **valor** de los **bienes** y **servicios** finales producidos en determinado período –por lo general un año– en un país. Equivale también al **ingreso bruto.** Desde el punto de vista de **Marx,** el P es el **valor de uso** que resulta de la combinación del **trabajo** del hombre con los **objetos,** resultado y condición del **proceso de trabajo.** Así, el P es el trabajo mismo. Algunas acepciones de P: 1- **a costo de factores:** P bruto, o P neto al que se deducen los **impuestos** y se suman los **subsidios,** 2- **a precios constantes: P** que se valúa tomando como base un año y cuyo **valor** está deflacionado, 3- **a precios corrientes:** P que no tiene en cuenta la **inflación** entre períodos (**valor nominal**), 4- **a precios de mercado: P** bruto o neto al que se adicionan los **impuestos** y se deducen los **subsidios,** 5- **bruto: P** que no considera los gastos ocasionados por la reserva de **depreciación** de los **bienes de capital,** 6- **líquido:** P que resta los gastos ocasionados por la reserva de **depreciación,** 7- **marginal (neoclásicos): Producción** adicional que se obtiene al incrementar el uso de un factor en una unidad,

8- **Nacional Bruto (PNB):** Conjunto de **bienes** y **servicios** finales producidos en un país en un período determinado de tiempo, considerando el efecto de la **cuenta corriente** de la **balanza de pagos.** Para su cálculo, deben deducirse primero los **factores productivos** extranjeros y agregarse los factores productivos nacionales obtenidos fuera de las fronteras de un país. También se puede expresar como **PBI** + Ingresos del exterior. Asimismo, puede definirse al PNB como la suma del **consumo** público y privado (C), más la **inversión** pública y privada (I), más las **exportaciones** (X), menos las **importaciones** (M), adicionando el **ingreso** de nuestros nacionales en el exterior (Yne) y deduciendo el ingreso de los extranjeros en nuestro territorio (Yen): $PNB = C + I + X - M + (Yne - Yen)$, 9- **Nacional Neto:** P Nacional Bruto, menos la **depreciación,** 10- **necesario:** Cantidad de **bienes** suficiente para restablecer la energía de los **trabajadores** al final de la jornada laboral. El PN implica el mantenimiento de la **sociedad** en un determinado nivel. Todo lo que sobrepase ese nivel, será el **excedente,** 11- **neto:** Es lo que se produce en el **proceso de producción** una vez deducido lo gastado en él (es decir, los **costos de producción**). Al **PBI** se les descuentan las **depreciaciones** (el desgaste de los **medios de producción** utilizados), 12- *per capita:* P dividido por el número de habitantes,

13- **potencial: Producción** que podría alcanzar una **economía** en situación de **pleno empleo** de los recursos, 14- **total: Bienes** y **servicios** producidos por una **sociedad** durante un período, por lo general, un año, 15- **diferenciados: P** de similares características y que mantienen alguna diferencia que los distingue. Por ejemplo, diferencia de marcas.

Prólogo a la contribución a la crítica de la economía política (**Karl Marx, 1859**): Breve texto en el que **Marx** expone la base del **materialismo histórico**, imaginando la metáfora de un edificio: sobre la **base económica** o **estructura** material de la **sociedad** –el lugar de la **producción**- se edifica una **superestructura** de ideas e **instituciones** –entre ellas la más importante: el **Estado**-. En el momento en que el desarrollo de las **fuerzas productivas** choca con las **relaciones de producción** existentes se abre una época de **revolución** social. En diversos textos- incluido *El Capital*-, Marx destacó que esa división sólo existe a nivel teórico, ya que el **marxismo** es el "punto de vista de la totalidad". Esto significa que es falsa la conclusión sacada por numerosos autores vinculados con el **stalinismo** o la **socialdemocracia**, acerca de que "la estructura es la **economía** y la superestructura es la **política**": lo que prima en todos los terrenos es la **lucha de clases**, el "motor de la historia".

Propensiones (**John M. Keynes**): 1- **a ahorrar**: participación del **ahorro** en el **ingreso** o parte de éste que no se consume, 2- **a consumir**: relación que existe entre **ingreso** y **consumo**, cuya fórmula es PC = C / Y. Por ejemplo, si las familias tienen un ingreso de $ 1.000 y planean consumir $ 800, la PAC es 0,80. Se le llama también **función consumo** y es la base de la **ley de propensión a consumir**, 3- **a la inversión**: término que mide la tendencia a gastar en **bienes de capital**, 4- **marginal a ahorrar (PMA)**: La PMA determina cuánto aumenta el **ahorro** cuando aumenta el **ingreso** en $ 1, 5- **marginal a consumir (P Mg C)**: determina cómo varía el **consumo** cuando se alteran en una unidad los valores del **ingreso**. Siempre es mayor que 0 y menor que 1. Por ejemplo, si el ingreso aumenta en $ 1 y dicho aumento determina un aumento en el consumo de $ 0,75, la PMC será de 0,75. A mayor ingreso menor PMC, 6- **media a ahorrar**: **ahorro** total dividido el **ingreso** disponible, 7- **media a consumir**: **Consumo** total dividido el **ingreso** disponible. Es un indicador de la **distribución** del ingreso y un límite a la **acumulación de capital**. Se establece, de este modo, que las **familias** con ingresos mayores tienen una menor **propensión a consumir** en relación a la PMC.

Propiedad: La definición jurídica dice que la P es un **derecho** o facultad de disponer de una cosa, o un dominio exclusivo de una **persona** sobre una cosa. Sin embargo, desde el **marxismo** se ha criticado a esta definición, con el argumento de que -al definir la P como una relación entre una persona y una cosa- se disimula su **función** social y económica, que la teoría **socialista** califica como "explotación". **Marx** distingue diferentes tipos de P: **tribal, comunal o estatal, feudal o corporativa** y **privada**, entre otras. **P personal:** Tipo de P surgido del **trabajo** propio. Según el **marxismo**, la PP es legítima, distinguiéndose de la **P privada**, fruto de la **explotación** del **trabajo** ajeno. **P privada:** Tipo de **P** en que los **medios de producción** y los **productos** del **trabajo** pertenecen a particulares. Para el **contractualismo** y la **economía clásica**, la **P** es un **derecho** natural. Para el **marxismo**, la PP determina la división de la **sociedad** en dos **clases**, una propietaria y la otra no propietaria, y la consiguiente formación del **Estado**. Según Marx, la PP es resultado de la **explotación** del trabajo ajeno, mientras que la **P personal** surge del propio trabajo.

Proteccionismo (siglo XIX →): Corriente económica y práctica vinculada que sostiene el cierre parcial o total de una **economía** nacional para proteger a la **industria** local de la **competencia** de los **productos** importados, provenientes del **mercado** internacional. Entre las medidas que aplica el P están la de **gravar** la entrada de productos importados, subvencionar áreas de la **producción** nacional otorgando **subsidios**, la suba de **aranceles** y la limitación de la cantidad de productos, **servicios** o **capitales** importados. Un antecedente importante del P fue el **mercantilismo** europeo de los siglos XVI-XVIII, por ejemplo, con el Acta de Navegación inglesa de 1651, orientada a combatir la **competencia** marítima. Ese **proceso** sentó las bases de la **acumulación de capital** que permitieron el pasaje al **librecambio** durante el siglo XIX. A principios del siglo XIX, el P fue clave para el desarrollo de la industria norteamericana, frenando la penetración de **manufacturas** inglesas –en ello fue decisiva la victoria del norte industrialista contra el sur agro-exportador en la **Guerra de Secesión**-. En Europa, el P se impuso también en la primera mitad del siglo XIX declinando luego retornando con fuerza tras la **Crisis de 1873** y especialmente después de la **Crisis del 30**, donde América Latina implementó también medidas proteccionistas en lo que se dio en llamar la **sustitución de importaciones**. El economista Friedrich **List** es uno de los principales teóricos del P.

Pymes: Abreviatura de las pequeñas y medianas **empresas**. **Fracción** pequeña y/o mediana de la **burguesía**. Las P emplean a la mayor cantidad de **trabajadores** (se considera pequeña a la empresa que tiene entre seis y cincuenta **empleados** y mediana entre cincuenta y ciento cincuenta) pero cuentan con baja **tecnología**.

Q

Quesnay, François (1694-1774): Economista y médico francés, fundador de la **doctrina fisiócrata**. En 1758 publicó su *Tableau Economique*, donde expone las ideas fisiocráticas. Su influencia permitió la liberalización del **comercio agrícola**, decretada en 1764, que generó la oposición de los comerciantes y los industriales, quienes lo acusaban de manipular al **Rey Luis XV**. En 1767 se produjo una carestía de **granos**, que fue reprochada a los fisiócratas, lo que ocasionó su rápida declinación.

Quiebra: Liquidación de los **bienes** de una **persona física** o **persona jurídica** declarada en **bancarrota** para su distribución entre todos los acreedores.

R

Reactivación: Recuperación de la actividad económica luego de una etapa de **recesión** y estancamiento.

Reajuste: Aumento del **dinero** nominal con el fin de restituir su **poder** adquisitivo, afectado por la **inflación**. Por ejemplo, el R de **salarios**.

Real: Lo que se mide a valores constantes, en términos de cantidades ajustadas a la **inflación**.

Rebaja arancelaria: Reducción de **impuestos** a las **importaciones**.

Recalentamiento de la economía: Presión ejercida sobre los **precios** por la **demanda** no satisfecha.

Recesión: Baja en la actividad económica que se manifiesta en la caída de la **demanda** o de la **oferta** o en un aumento del **desempleo** y una caída de la **producción** o el **producto bruto nacional** que se mantiene durante dos trimestres o más. La R es considerada una de las etapas de los **ciclos económicos**. Se distingue de la **depresión** en que la R es de una duración menor.

Reconversión industrial: Adaptación de los **procesos de producción** a innovaciones tecnológicas, comerciales o sociales. Muchas veces, la RI produce despidos.

Recuperación: Fase del **ciclo económico** caracterizada por el reinicio de la prosperidad y el alza en la **producción**.

Recursos humanos: Cantidad de personas y nivel de calificación de la **fuerza de trabajo** disponible en una **empresa** o país.

Recursos naturales: Factores que se pueden extraer de la naturaleza para satisfacer necesidades o incorporarlos a la **economía**. Son ejemplos de RN el suelo, el agua, la flora y fauna, los minerales, el espacio aéreo, la **energía**, las **materias primas** no explotadas, etc. Hay RN renovables (como la **tierra** o el ganado) y RN no renovables (como el oro o el **petróleo**).

Redescuento: Préstamos de **dinero** del **Banco Central** a otros **bancos** o entidades **financieras**, a través de la aceptación (o descuento) de documentos financieros por montos equivalentes y con una **tasa de interés** llamada tasa de R. En épocas recesivas, los **gobiernos** incrementan los R para aumentar la **oferta monetaria** y reactivar la **economía**, siendo una forma de **emisión** indirecta. En situación de alta **inflación** los bancos centrales limitan las operaciones de R y suben las tasas de interés con el fin de reducir la **liquidez**.

Regalías: Retribución o **canon** que se abona a los dueños del **conocimiento** tecnológico, de determinadas marcas, **patentes** o **tierras** en las que un tercero realiza una **explotación** minera o **agraria**, por el **derecho** de uso.

Regulación: Intervención estatal en las diversas esferas de la **economía: mercado, producción, empleo,** medio ambiente, etc.

Relaciones de producción (Karl Marx): Relaciones económico-sociales fundamentales de un **modo de producción** (su **base económica**) que dependen del nivel de **desarrollo** de las **fuerzas productivas**. Relaciones sociales de **explotación** entre las **clases sociales**, necesarias e independientes de la voluntad de los hombres. Las RP dan forma a la **estructura** de **clases** y a determinadas formas económicas y políticas. Dependen de la desigual apropiación de los **bienes**. También se las puede definir como las diferentes formas que tienen los hombres de asociarse para llevar a cabo el **proceso de producción**, en torno a la **propiedad** o no propiedad de los **medios de producción**. Junto con las fuerzas productivas, las RP configuran a un modo de producción.

Relaciones de propiedad: Formas de **distribución** de los **medios de producción** y la **fuerza de trabajo** en cada **sociedad**. Las RP determinan la división de la sociedad en **clases sociales**.

Remesas: Envío de **dinero** o **valores** desde un país a otro, realizado por particulares o **empresas**.

Rendimiento: Producto o **utilidad** de

una cosa. El R de una **acción** se denomina **dividendo**. **R (neoclásicos)**: 1- **creciente**: Se produce un RC cuando en un **proceso** productivo se incorporan nuevas unidades de un cierto **factor**, resultando un aumento proporcional de la **producción**, 2- **decreciente**: Se produce cuando en un **proceso** productivo, al incorporar nuevas unidades de un cierto **factor**, se llega al límite máximo de rendimiento. Por ejemplo, eso puede ocurrir en la **agricultura** cuando –por más que se aumente la cantidad de **fertilizantes**- la **tierra** no rinde más allá de cierto límite máximo, resultando un aumento no proporcional (menor, hasta desaparecer) de la **producción**, 3- **marginales decrecientes**: En la **teoría** de la **renta de la tierra** de D. **Ricardo**, achicamientos proporcionales de la **renta** que obtiene el **terrateniente** a medida que la **tierra** es de peor calidad.

Renta: Pago por la utilización de algo que pertenece a otro. **Beneficio** o utilidad que rinde algo a su propietario. Monto de **dinero** que recibe el propietario de un inmueble para ceder su uso a un tercero, llamado **arrendatario**. En el caso de la R agrícola, se trata del **precio** que se paga por el uso de la **tierra propiedad** de un **terrateniente**. Es uno de los tres **ingresos derivados** de una **economía capitalista**. Según la **macroeconomía** la R es sinónimo de **ingreso**. Algunos

casos: 1- **Interior Bruta (RIB)**: Conjunto de las **rentas** generadas en el **proceso** productivo, 2- **Interior Neta (RIN)**: Renta Interior Bruta menos las **depreciaciones**, 3- **nacional**: Medida monetaria del flujo de **bienes** y **servicios** que produce una **economía** durante un año. **R de la tierra (David Ricardo)**: **Teoría** que plantea que las **tierras** de mejor calidad y más fértiles dan una R mayor que otras peores, en un orden decreciente. La RT se produce por la diferencia de calidad y fertilidad de los suelos. **Ricardo** se opuso a la implementación de medidas **proteccionistas** que impidieran la entrada de **granos** a **territorio** inglés –en un marco de **crecimiento** de la **población** en plena **Revolución Industrial**- defendiendo su **teoría de las ventajas comparativas** y la apertura del **comercio** exterior con el fin de bajar los **precios** agrícolas, bajando por ende la RT, debilitando a los **terratenientes** y fortaleciendo a la **burguesía industrial** británica. En su visión, la RT no forma parte del **precio**, pero afecta las **ganancias** empresariales y con ello el desarrollo del **capitalismo**.

Rentabilidad: Nivel de **beneficio** o **utilidad** de un **capital** invertido.

Reproducción: Proceso de repetición cíclica de la **producción**. Incluye la R de las **fuerzas productivas**, las **relaciones de producción** y los **bienes**.

Se divide en las fases de producción, **distribución**, cambio y **consumo. Reproducción ampliada: Reproducción** que supera el nivel de **producción** anterior. **R simple: R** que se limita a mantener el nivel de **producción** del período anterior, sin generar **excedentes**. Es propia de las **sociedades** precapitalistas.

Reservas: 1- **de divisas: Moneda** extranjera atesorada por un **gobierno** con el fin de enfrentar deudas en otras o respaldar la propia. Surge del **superávit** de la **balanza de pagos,** 2- **de valor: Activo** en el que se puede mantener la riqueza. Por ejemplo, los **metales preciosos,** 3- **monetaria:** Conjunto de valores **líquidos** internacionales constituidos por oro y medios de pago con los que cada país liquida los saldos finales de sus cuentas con el exterior. Los aumentos de la RM normalmente son reflejo de los saldos netos positivos de la **balanza en cuenta corriente** y que no han sido invertidos rentablemente en el exterior ni empleados para cancelar deudas o adquirir **inversiones** de extranjeros en el país, y que el país decide invertir en un bien líquido como el oro y las **divisas.** La RM de los **bancos** se denomina **encaje,** 4- **legales:** Cantidad de R que un **banco comercial** debe tener depositadas en el **Banco Central.**

Revaluación: Aumento en el **valor** de una **moneda** nacional respecto de una **divisa** (oro, dólar, euro, etc). La R produce una baja en las **exportaciones** y un aumento de las **importaciones** y puede tener como causa un aumento excesivo en el **superávit** de la **balanza de pago.**

Revolución Industrial (Inglaterra, 1750-1830): Primer pasaje histórico –en Inglaterra primero y en un conjunto de países europeos y unos pocos más en el resto del mundo, después– desde una economía artesanal y **agraria** a otra dominada por la **industria** y la **manufactura** mecanizada. El **crecimiento** económico, la innovación tecnológica y organizativa y las transformaciones sociales son algunos de los rasgos centrales de la RI. El nivel de **producción** y **productividad** aumentó en ese período como nunca antes en la **historia** de la Humanidad. La **burguesía industrial** impulsó este **proceso.** Al mismo tiempo, los niveles de **explotación** y miseria de los **asalariados** fueron enormes. La industria comenzó a crecer, mientras que el sector **agropecuario** comenzó a perder su liderazgo. Algunas de las principales características de la RI fueron las siguientes: se difundieron las **fábricas,** creció la **urbanización,** aumentó la **población** urbana, se formaron y/o consolidaron la burguesía industrial y el **proletariado industrial,** se aceleró la **innovación tecnológica,** creció el **comer-**

cio, se desarrollaron los transportes y las comunicaciones, se desarrolló la **clase media**, mejoró la **educación**, subió la esperanza de vida y bajó la **mortalidad infantil**. Entre las **teorías** que intentan explicar el origen de la RI están aquellos que cuestionan –precisamente– la existencia de una **revolución**, planteando –en cambio– una **"evolución** acelerada" en el marco de la continuidad de un proceso de transformaciones previas que se fueron acumulando (**Nef, Ashton**). **Rostow** –por su parte– aportó el concepto de **"despegue"** o *"take off"*, como primer motor del proceso de **industrialización**. La mayoría de las clasificaciones identifican a este primer período como **Primera Revolución Industrial**, dada la existencia de las posteriores **Segunda Revolución Industrial** y **Tercera Revolución Industrial** (ver ambas entradas).

Revolución Neolítica (8.000-3.000 a.C.): Término acuñado por G. Childe para describir el salto producido en el **desarrollo** económico y social basado en la **agricultura** (trigo), la domesticación de animales y la artesanía. Sus consecuencias fueron fenomenales: en primer lugar, la **tribu** ya no necesitó migrar detrás de las manadas de animales que constituían su alimento. Así, surgió el modo de vida **campesino** y nacieron las primeras ciudades. Tampoco necesitó restringirse a zonas tropicales (ricas en frutos): al poder llevarse a sus animales y plantar semillas en otras tierras, se amplió enormemente el territorio en el que el hombre pudo vivir. Se poblaron las zonas templadas y comenzaron las grandes **migraciones**. Por primera vez, la **productividad** del **trabajo** humano sobrepasó la capacidad de **consumo** inmediata del productor directo. Así, un pastor pudo cuidar ovejas que alimentaran a decenas de hombres y lo mismo le sucedió a un agricultor en relación con la **siembra**. Ese **excedente** que supera la capacidad de consumo individual de la persona que lo produce pudo ser -por primera vez- acumulado (ganado en pie o **granos**). Con ese excedente acumulable, surgió también, por primera vez en la historia humana, la posibilidad material de la **explotación** del trabajo humano ajeno y con ello, la división de la sociedad en dos **clases**: una explotadora, que vive del trabajo ajeno y otra explotada, que con su trabajo sostiene a la clase explotadora. Se considera al surgimiento de la escritura como el hecho que determina la finalización del **Neolítico**.

Ricardo, David (1772-1823): Economista inglés, figura clave de la **economía clásica** y la **economía política**. Una de las ideas fundamentales de R es el **concepto** de que el **valor** relativo de las mercancías depende de la cantidad de **trabajo** (presente y pasado) que contienen –**teoría objetiva del valor**–. Si bien el pensamiento de A. **Smith** es determinante en sus análisis, a diferencia de éste traslada el cálculo del valor de una **mercancía** desde la esfera de la **distribución** y el **mercado** a la esfera de la **producción** (hora-hombre), esto al menos en algunos de sus escritos (en otros su postura se asemeja a la de Smith, planteando que el estudio de las leyes de la distribución de lo que el hombre produce es el objetivo de la economía política.), donde planteó que un aumento de salarios reduce los **beneficios**, rompiendo con la visión armónica de Smith y visualizando un conflicto en la distribución del **ingreso** (en esta diferencia entre los dos padres de la economía clásica es fundamental la **Revolución Francesa**, posterior a Smith y que R vivió). El contexto en el que escribe R es el del comienzo de la transición de la **Primera Revolución Industrial** a la **Segunda Revolución Industrial**, cuando la expansión británica a escala mundial puso a este país a la cabeza de las potencias. Para R la producción se remunera en forma de **salarios** para los **trabajadores**, **ganancias** para los **capitalistas** y **renta de la tierra** para los **terratenientes**. La renta, justamente, es un concepto clave en su **teoría**: surge por la existencia en **Inglaterra** de suelos fértiles limitados y de distinta calidad, lo que –con el aumento de la **población**– obligó a los **empresarios** a alquilar a los terratenientes terrenos cada vez menos fértiles, pagando rentas cada vez mayores y frenando de este modo el **desarrollo** capitalista al elevar los **costos** de los alimentos y de los salarios y por ende reducir las ganancias y la **inversión** (su teoría se convirtió en una herramienta contra las **leyes de granos**). Como salida a esto y para bajar el monto de las rentas, R planteó –en defensa de los industriales y en oposición a los terratenientes a los que consideraba parásitos– la apertura al **comercio** mundial: es el momento de la expansión inglesa por el mundo, demandando **materias primas** y alimentos y colocando **manufacturas**. Es en ese contexto que R propuso su **teoría de las ventajas comparativas**. Tres teorías surgirán como respuestas a R: a) desde una postura **liberal** crítica –que consideró peligrosos los puntos de vista de R acerca del conflicto social– aparecerán los **neoclásicos**, b) desde el interés de otros países por evitar la **hegemonía** inglesa, surgirá el **nacionalismo proteccionista** de Friedrich **List** y, c) desde la denuncia de la **explotación** de la **clase obrera**, surgirá la teoría **socialista** de Karl **Marx**. Entre sus obras principales encontramos a: *Principios de economía política y tributación* (1817).

Riesgo país: **Índice** elaborado por el **banco** Morgan de **EE.UU.** que mide el riesgo que corren los inversores extranjeros que invierten su **capital** en un país. Se calcula como la sobretasa de la deuda de un país frente a los **bonos** del Tesoro norteamericano (cuyo riesgo es o). De este modo, si el RP es de 1340 puntos, significa que los bonos que un país coloca en el **mercado** pagan 13,40 % más que los del Tesoro norteamericano (cuanto más **interés** pagan los bonos de un país, menos confiable es éste). Así, a mayor RP menor cotización de los bonos y viceversa.

Rigidez: Resistencia de una **variable** económica a reaccionar frente a las variaciones de otras variables. **Rigidez de precios y salarios:** Resistencia a variar (en especial hacia abajo) de los **precios** y los **salarios**.

Rol anticíclico del Estado (keynesianismo): Intervención del **Estado** en la **economía** a través del incremento del **gasto público**, el **crédito** y/o la **inversión** pública, una **política** impositiva que desgrave el **consumo** y **tasas de interés** bajas, con el fin de fomentar el consumo y -en consecuencia- alentar las inversiones y la generación de **empleos**. Fue planteado por **Keynes** tras el estallido de la **Crisis del 30**.

Rostow, Walt Whitman (1916 →): Economista norteamericano que sostuvo una particular explicación acerca de la **Revolución Industrial**, según la cual el pasaje de una **sociedad tradicional agrícola** a una industrial se daría a partir de un único camino y en un corto lapso de tiempo por el cual se abandonaría por completo la forma de organización social anterior. De este modo, la Revolución Industrial podría repetirse en todos los países del mundo, a condición de seguir ciertas etapas predeterminadas (sociedad tradicional, situación previa al **despegue**, despegue, proceso de maduración, sociedad de **consumo** de masas). Según R, existe un punto de partida fundamental, al cual llama *take off* (ver) que sería el primer impulso o despegue del proceso industrializador. También se habla del "**despegue a lo R**". Entre sus obras principales encontramos a: *Las etapas del crecimiento económico* (1960).

Royalties: **Regalías** o **ganancias** que una **empresa transnacional** obtiene en un país y que remite a su casa matriz. También se refiere a los pagos que las empresas hacen al **gobierno** en concepto de **explotación** de **yacimientos** petrolíferos o mineros y a las regalías que se pagan por la utilización de una marca.

S

Salario: Según la **economía clásica**, retribución o **precio** de uno de los factores de la producción, el trabajo. Según el **marxismo**, el S es el precio de la venta de la **fuerza de trabajo** de un **trabajador** a un **capitalista**. Mientras que para la economía clásica el S equivale a todo el trabajo realizado, para el marxismo el S sólo cubre una parte del trabajo –el que remunera a la fuerza de trabajo, el **trabajo necesario**-, quedando otra parte del trabajo impago –el **trabajo excedente**, que produce un producto excedente o **mercancía**, la **plusvalía**, que el capitalista se apropia-. Dicho de otro modo: el S es el precio de la fuerza de trabajo, pero el **valor** que crea esta fuerza de trabajo es mayor que ese precio (la diferencia es el **plusvalor**, de donde proviene la **ganancia** capitalista). La **teoría** marxista, entonces, no cuestiona al S por ser "bajo" o "insuficiente" sino al S como tal, como manifestación de la **explotación**. Tipos de S: 1- **de subsistencia**: **Salario** mínimo necesario para vivir, debajo del cual un **individuo** no puede reproducirse, 2- **directo**: **Ingreso** que recibe el **trabajador** de manera inmediata y regular, 3- **indirecto**: Servicios de asistencia y **seguridad social** que no implican un pago inmediato al **trabajador.** Por ejemplo, la atención social de la familia **obrera**. Asociado al SI aparece una intervención creciente del **Estado** en los asuntos sociales, 4- **mínimo vital y móvil:** Remuneración mínima legalmente establecida, percibida por un **trabajador**, 5- **nominal: Precio** de la remuneración al **trabajo**. Masa monetaria que recibe el **trabajador,** sin tomar en consideración su **poder adquisitivo** en el **mercado,** 6- **real: Poder adquisitivo** del **salario nominal,** medido en la masa de **bienes** que puede adquirir. Así, en un contexto de subas de **precios**, el mismo salario nominal permite comprar cada vez menos cantidad de bienes, lo que hace que el SR se deteriore.

Samuelson, Paul Anthony (1915 →): Economista norteamericano **neokeynesiano,** junto con A. **Hansen** desarrolló la llamada "**síntesis neoclásica**", buscando conciliar la **Ley de Say** con el **keynesianismo**. S rechazó el planteo **monetarista** de la relación entre **dinero** e **ingreso** y reivindicó la utilidad de las **devaluaciones** en determinadas circunstancias, dado que considera preferible un poco de **inflación** a insoportables **índices** de **desempleo**, caída de la **producción** y **pobreza**. Entre sus obras principales encontramos a: *Curso de Economía moderna* (1948).

Say, Jean Baptiste (1767-1832): Economista francés, figura clave de la **economía neoclásica**. S sostuvo una tendencia natural hacia el equilibrio de los **mercados**, sobre la base de la idea de que **toda oferta crea su demanda** (conocida como la **Ley de Say**, fuertemente criticada por **Keynes**). Entre sus obras principales encontramos a: *Tratado de economía política* (1803).

Schumpeter, Joseph Alois (1883-1950): Economista austriaco radicado en **EE.UU.**, defensor de la **Ley de Say**. Adjudicó gran importancia a las innovaciones técnicas impulsadas por los **empresarios** para el **crecimiento** económico Entre sus obras principales encontramos a: *Capitalismo, socialismo y democracia* (1942).

Sectores de la economía: Cada una de las partes en que se divide la actividad económica productiva: 1- **Sector primario:** Área de la **economía** vinculada a la **producción agropecuaria**, la pesca y la minería. **Producción** y **trabajo** aplicado a la obtención de los **bienes** directos o **materias primas** de la naturaleza. Es el sector predominante en las economías de los **países subdesarrollados**, con un **valor agregado** menor que el que posee la **industria (sector secundario)**. Este es un factor decisivo para que estos países sufran el llamado **deterioro en los términos del intercambio**, 2- **Sector secundario:** Área de la **economía** vinculada a la **producción** industrial. **Producción** y **trabajo** aplicado a la transformación de los productos **primarios** extraídos de la naturaleza en productos manufacturados. En las economías de los **países desarrollados**, el SS –con mayor **valor agregado**- predomina sobre el **sector primario**, 3-

Sector terciario: Área de la **economía** vinculada a los **servicios** (transporte, **comercio**, informática, turismo, salud, **educación**, etc). En la actualidad, es la actividad que más puestos de **trabajo** genera, particularmente en los **países desarrollados**. Otras acepciones: 1- **Sector externo:** Parte de la economía de un país vinculada con el comercio exterior, 2- **Sector gobierno:** Sector público de la **economía**. El **Estado** se comporta como un productor directo de **bienes** y **servicios** a través de sus **empresas** estatales. Además, es el productor principal de servicios tales como salud, defensa y **educación**, entre otros, 3- **Sector privado:** Parte de la **economía** de un país llevada a cabo por **individuos** y **empresas** particulares.

Segunda Revolución Industrial (1860-1940 aprox.): Segunda etapa de la **Revolución Industrial** y del **capitalismo** (fase **imperialista**), caracterizada por la **asociación** entre la **ciencia** y la **industria**, la importancia del **capital financiero**, el uso de la electricidad como fuente de **energía**, el **petróleo** como combustible, el acero como **materia prima** –fundamental para el **desarrollo** de los **ferrocarriles**-, la vulcanización del caucho, la fabricación de sintéticos, la **línea de montaje** y la mecanización, el motor a combustión, el automóvil y el avión, el teléfono, la radio y el cine, el desarrollo de la química, la formación de los

sindicatos, entre otros rasgos. **Inglaterra** perdió el papel preponderante que tenía en la **economía** mundial a manos de **EE.UU.** y **Alemania**.

Servicios: Sector terciario de la economía que abarca actividades y prestaciones vinculadas con **bienes** no materiales como transporte, **comercio**, informática, turismo, etc. Algunas acepciones: 1- **de la deuda:** Pagos de **intereses** sobre el **capital** de la **deuda externa** de un país, 2- **financieros:** Parte de la **cuenta corriente** de la **balanza de pagos**, formada por aportes de **capital**, 3- **reales:** Parte de la **cuenta corriente** de la **balanza de pagos**, formada por fletes, viajes y **seguros** que se realizan desde -y hacia- el país.

*Shock***:** Medida económica que se toma en forma sorpresiva y con el fin de lograr un fuerte impacto. Por ejemplo, es habitual el S antiinflacionario, que puede consistir, por caso, en un congelamiento de **precios** y **salarios**.

Síntesis neoclásica (EE.UU., década de 1950): Expresión acuñada por Alvin **Hansen** y trabajada posteriormente por Paul **Samuelson**. La SN buscó compatibilizar el **rol anticíclico del Estado** en momentos de **crisis** –planteado por J. M. **Keynes**- con la **Ley de Say**, sosteniendo que la existencia de las crisis económicas no refutan, en el largo plazo, a los planteos **neoclásicos**. La SN fue duramente criticada por la economista keynesiana Joan Robinson, quien la calificó de **"keynesianismo** bastardo". De todas formas, el enfoque de la SN es, aún hoy, el predominante en el mundo académico.

Sistema económico: Modo en cómo los hombres actúan entre sí y en relación con la naturaleza, para satisfacer sus necesidades. El SE está formado por las unidades familiares que consumen **bienes** y **servicios** y las **empresas** que organizan la **producción**, y son sus componentes: los hombres, los **recursos naturales**, los **medios de producción** y el **conocimiento** del hombre (**tecnología**). Para un punto de vista **marxista** ver **modo de producción**. **Sistema financiero:** Ámbito donde se desenvuelve la actividad de quienes intermedian entre la toma y la colocación de recursos **financieros**. A través del SF los ahorristas e inversores entran en contacto. El SF tiene dos **mercados** bien diferenciados: el mercado de **crédito** bancario y el **mercado de valores** o **mercado de capitales**. **Sistema monetario:** Forma o **patrón monetario** en que está organizada la circulación de la **moneda** en un país. **Sistema tributario:** Forma en que está organizada la recaudación de **impuestos** en un país. Incluye además otras operaciones como los servicios aduaneros.

Smith, Adam (1723-1790): Economista y filósofo escocés, padre de la **economía política** y el más importante de la llamada **economía clásica** junto con David **Ricardo**. S fue el gran exponente teórico de la **manufactura capitalista** de la **Primera Revolución Industrial** –con la **industria** algodonera como eje–. En su *Teoría de los sentimientos morales* (1759) partió de la concepción de un hombre egoísta, trabajador y deseoso de libertad, propiedad e intercambio, motivaciones que llevan a constituir una orden social "natural", donde cada individuo se rige por una **"mano invisible"** que permite la armonía y el bienestar generales. Base fundamental del pensamiento **liberal**, algunas de sus ideas principales son: su **teoría del valor**, que planteaba que el **trabajo** es la fuente de la riqueza (rompiendo con el **mercantilismo** y la **fisiocracia**) y lo que otorga **valor** a las cosas (distinción entre **valor de uso** y **valor de cambio**), el concepto de *laissez faire* –ligado al **libre mercado** y su mano invisible– y la importancia otorgada al interés individual, al cual debe subordinarse el **Estado**. Siglo usa la categoría de **precio natural** (en lugar de la categoría **valor**) de una mercancía, la que se forma con: **salario (trabajo), beneficio (capital)** y **renta (tierra)**, esto es, los "precios" de cada uno de los factores que intervienen para producir una mercancía. Es aquí donde S se aleja de la idea del trabajo como única fuente de valor, y pasa a considerarlo como una parte entre otras del **"costo de producción"**. La crítica **marxista** ha señalado que el problema es que S confundió el valor de las mercancías (c+v+p) con el nuevo valor creado (v+p). De este modo, S no considera al **capital constante** (c) en la determinación del valor, debido a que desconocía el doble carácter del trabajo –concreto y abstracto– (a esto se le llamó desde el marxismo **"dogma de S"**) y el hecho de que el capital contiene determinadas **relaciones de producción**. S clasifica al capital en **capital fijo**, esto es, aquel capital que otorga **ganancias** sin necesidad de pasar a manos de otro propietario, y **capital circulante**, que sí requiere del pase de manos a otro propietario para generar ganancias. Esto muestra que para S el capital puede producir ganancias no sólo en la producción sino también en la circulación (mientras que **Marx** demostró posteriormente que eso es posible sólo en la producción). S reconoce la existencia de tres **clases sociales** –trabajadores, terratenientes y empresarios– con sus respectivos **ingresos** –salario, renta y beneficio– los que, en su conjunto, intervienen en un **mercado** competitivo, donde **oferta** y **demanda** coinciden en un **precio natural** de equilibrio. En su **teoría** es crucial el concepto de **división del trabajo**, es decir, la parcelación de las tareas para la **producción** de un **bien**, lo que trae una mayor **productividad**, que a su vez es la causa de la riqueza de las naciones. S analizó esa división del trabajo en una **fábrica** de alfileres y mostró que –cuando las tareas se subdividen correctamente entre numerosos operarios– se produce más en menos tiempo. A la pregunta de cómo puede mejorarse la división del trabajo, S señaló que la maquinaria es la clave. En la distribución del **ingreso**, S observó una situación de armonía social, situación que se vio perturbada poco después de que escribiera su obra más importante -*Investigación sobre la naturaleza y causas de la riqueza de las naciones* (1776)-, con la **Revolución Francesa**. Ese contexto conflictivo abrirá paso a la aparición de su sucesor: David Ricardo.

Sobreproducción: Exceso de oferta en relación con la **demanda efectiva**. Fabricación excesiva de **productos** para los cuales no se hallan compradores solventes. La existencia de S refuta empíricamente a la llamada **Ley de Say** (ver). **Malthus, Marx** y **Keynes** han teorizado acerca del fenómeno de la S. Ver también **crisis** y **crisis de S**.

Socialismo (siglo XIX →): Según el **marxismo**, el S es una **doctrina** que plantea como fin la **propiedad colectiva de los medios de producción** y como medio la **revolución social** contra el **capitalismo** por parte de los **trabajadores**, a escala mundial. El S marxista –cuyo antecedentes pueden rastrearse en el **jacobinismo** francés y el **S utópico** de **Saint-Simon**- es hostil al **Estado**, aspirando a delegar las funciones de éste en una **sociedad** formada por productores libres, en una sociedad sin **clases**.

Socialización de los medios de producción: Transformación de los **medios de producción** de una **sociedad** en **propiedad colectiva**. Se distingue de la **nacionalización** o **estatización** en que la SMP tiene como meta el control de la sociedad sobre la **producción** y la progresiva extinción del **Estado**, mientras que aquella fortalece a éste. Además, las nacionalizaciones o estatizaciones no cambian el carácter de **clase** del Estado (así, es posible que los medios de producción sean estatizados en el marco del **capitalismo**, en lo que se conoce como nacionalizaciones **burguesas**).

***Spread*:** Voz inglesa que hace alusión a la diferencia entre el **precio de** compra y el de venta de un **activo**.

***Stock*:** Existencias de **producción** en reserva de las **empresas**. Desde el punto de vista **macroeconómico**, el S es considerado como **inversión**. Además de **mercancías**, también se pueden acumular S de **dinero** u otros **recursos económicos**.

Stop and go: Voz inglesa que significa "frenar y seguir" y que describe la sucesión de **ciclos económicos** expansivos y recesivos.

Subconsumo: Consumo inferior a la cantidad de **productos** existentes, ocasionado fundamentalmente por un bajo **poder adquisitivo**. El S provoca **crisis** que llevan a fases recesivas o depresivas del **ciclo económico**. La teoría del S de origen **marxista** plantea que la necesidad de acumular **capital** obliga al **capitalista** a aumentar la **plusvalía** y reducir los **salarios**, ahogando la posibilidad de que los **trabajadores** compren más **bienes de C**. Además, la introducción de maquinaria desplaza mano de obra, aumentando el **desempleo** y agravando la situación. En determinado punto, se dificulta la realización de la plusvalía dado que la **producción** no se vende y, por ende, no se transforma en **dinero**, necesario para relanzar la **acumulación de capital**. Autores marxistas como R. **Luxemburgo** y no marxistas como J. Hobson, ligaron al S con el fenómeno del **imperialismo** (ver).

Subdesarrollo: Estructura de un **sistema** económico con bajo **desarrollo** de las **fuerzas productivas** y cuyas principales características son: predominio del **sector primario**, dependencia de las **importaciones** de **manufacturas e insumos**, alta densidad de **población**, fuerte concentración –o mala distribución- de la **renta**, baja tasa de **ahorro**, poca diferenciación del sistema productivo con uno o dos productos centrales, predominio del **mercado externo** sobre el **mercado interno**, copamiento de los sectores más rentables por parte del **capital** extranjero, atraso tecnológico, convivencia de unos pocos sectores modernos con una **economía** tradicional, alto analfabetismo, altos **índices** de natalidad y mortalidad y fuerte **desempleo**, entre otras. El S es uno de los temas clave de la **CEPAL**, del **estructuralismo** y de la **teoría de la dependencia**.

Subempleo: Subocupación. Situación en que se encuentra la parte de la **población económicamente activa** formada por los que trabajan menos de un mínimo de horas semanales (por ejemplo 35) por causas ajenas a su voluntad y que desearían trabajar más para percibir un **ingreso** mayor. Es el caso, por ejemplo, de los que hacen "changas" con cierta continuidad. También existe una S invisible, que es el caso de aquellas personas que -trabajando una jornada normal- desarrollan su actividad con alguna de las siguientes características: bajo **ingreso**, baja **productividad** o subutilización de calificaciones.

Subsidio: Impuesto que el **Estado** deja de cobrar con el fin de promover alguna actividad económica o favorecer a algún sector en especial.

Un S también puede consistir en una suma o subvención entregada por el Estado a una **empresa** o actividad (por ejemplo, los trenes privatizados) o para auxiliar a sectores sociales en situación de desamparos (por ejemplo, S al desocupado).

Superávit: Situación en que los **ingresos** son superiores a los **gastos**. Ejemplos: 1- **de la balanza comercial:** Se produce un SBC cuando el importe de las **exportaciones** es superior al de las **importaciones**, 2- **fiscal:** Diferencia positiva por inferioridad de **gastos** en relación con los **ingresos** del **sector público**.

Superestructura (Karl Marx): Conjunto de las **instituciones** e ideas **políticas**, ideológicas, jurídicas, religiosas, estéticas y morales de una **sociedad**, que está determinado materialmente por la **estructura** –sobre la cual, a su vez, reactúa–. Pertenecen a la SE el **Estado**, los **medios de comunicación**, las **teorías** científicas y políticas, los **partidos políticos**, la **Iglesia**, la justicia, etc. Por una parte, tenemos una SE jurídico-política, donde el Estado ejerce el uso de la violencia y la **coerción** en beneficio de la **clase dominante**.

T

Tableau economique (François Quesnay, 1758): Creación de este economista fisiócrata, quien ideó un cuadro económico para demostrar que la **agricultura** cumple en la **economía** una **función** análoga a la de la circulación sanguínea en el cuerpo humano. **Quesnay** utilizó un diagrama que representa la **producción** y **circulación** de **bienes** de toda la economía y los **flujos** monetarios asociados para una economía en estado de equilibrio. Analizó cómo el **producto neto** creado por el **trabajo agrícola** circula en el conjunto de la **sociedad** (incluyendo a las tres **clases sociales** que la **fisiocracia** observa en una sociedad: productiva, propietaria y estéril). El *TE* es el primer intento de lograr un equilibrio desde el punto de vista **macroeconómico**, con un esquema cerrado y estacionario, donde no existe el **comercio exterior** y el análisis se limita al **sector primario**, y que parte de los siguientes supuestos: a) se considera como general el **sistema de arriendos** (el **arrendatario** alquila la tierra al propietario –que cobra una **renta**– y contrata **trabajo asalariado**), b) se analiza la circulación inter-clases (y no la circulación intra-clases), c) se establece un resumen anual de compras y ventas, d) los **precios** son constantes y, e) la reproducción es simple (los **ahorros** son iguales a la necesidad de reemplazo de **capital**, de modo que cada ciclo se inicia con el mismo nivel que el anterior). Las posibles fuentes de alteración pasan por cambios en la proporción de ingresos generados en la agricultura, cambios en el sistema impositivo o un aumento en el precio de los alimentos (y por ende de los rendimientos de la actividad agrícola). La prosperidad de la economía, según Quesnay, depende de la medida en que puedan evitarse excesos en los gastos de la clase estéril.

Take-off **(Walt Rostow)**: Primer impulso o **despegue** de un proceso industrializador. Requiere como condiciones: **acumulación de capital**, innovación tecnológica e **inversión** (**empresarios** y/o **gobiernos** dispuestos a invertir). El *T-O* también se caracteriza por la incorporación de **técnicas** novedosas en la **agricultura** y la **industria**, la **urbanización**, el aumento de los **ingresos** y, por ende, del **consumo de bienes** y **servicios** duraderos, etc. Es una de las categorías centrales de la teoría de **Rostow** para explicar la **Revolución Industrial** (ver).

Take-over: Mecanismo de adquisición de **empresas**, por lo general con fines especulativos.

Tarifa: Impuesto (o T **fiscal**). También, **precio** oficial establecido para hacer uso de un servicio **público**. En el caso de la **aduana**, se habla de T aduanera.

Tasa: Proporción o relación entre dos magnitudes. Porcentaje. Ejemplos de T: 1- **activa: T de interés** que se paga por obtener **dinero** prestado, 2- **de actividad:** Porcentaje de la **población económicamente activa** en relación con el total de la **población**. Llamada también **T bruta de actividad**, 3- **de crecimiento:** Aumento porcentual de una **variable** económica en un período determinado, 4- **de dependencia:** Cantidad de personas ocupadas por hogar, 5- de desocupación: **Porcentaje que representa el número de desocupados sobre la** población económicamente activa **de un país. Algunos factores que inciden en el aumento de la TD son la** recesión, **la caída de la** demanda **y la incorporación de** tecnología, 6- *de empleo: Proporción entre la población ocupada y la población total*, 7- **de ganancia (Tg) (Karl Marx):** Proporción de la **plusvalía** con respecto el desembolso total de **capital**, esto es, g = P / CC + CV, o magnitud relativa: r = D´- D / D. Por ejemplo, si la inversión fue de $ 15 y la ganancia de $ 3, tenemos una TG del 20 %. Si dos productores producen el mismo tipo de **bien** al mismo **precio** y con la misma **T de plusvalía**, tendrá una mayor TG el productor que trabaje con menor proporción de **capital constante**. La TG varía en sentido inverso a la **composición orgánica del capital**, 8- **de interés (Ti): Precio** del **préstamo** de **dinero**. Es un tanto por ciento en relación con el monto de dinero prestado o la retribución que se paga por el uso del dinero. También llamada "**tipo de interés**", fluctúa con la **oferta** y **demanda** de dinero (a la oferta la fijan los **bancos** y a la demanda la fija la preferencia por poseer efectivo). También puede definirse como el precio que equilibra el deseo de poseer dinero con la cantidad disponible del mismo, 9- **de ocupación**: Magnitud que resulta de dividir la cantidad total de habitantes por la cantidad de ocupados, 10- **de plusvalía (Karl Marx)**: Proporción entre la **plusvalía** (**trabajo socialmente excedente**) y los **salarios** (**trabajo socialmente necesario**) o cociente entre la primera y el **capital variable**, esto es, P / CV. Determina la **T de explotación** que sufre el **trabajador** por parte del **capitalista**, quien pugna incesantemente por incrementar la TP: 1) prolongando la jornada de **trabajo** sin aumentar los salarios (**plusvalía absoluta**), 2) reduciendo los salarios sin disminuir la jornada de trabajo o el rendimiento o, 3) incrementando el rendimiento por hora –aumento de la **productividad**- ya sea obligando al obrero a trabajar más intensamente o mejorando los métodos de producción (**plusvalía relativa**), 11- **efectiva de protección**: Cambio de **valor agregado** por unidad de protección. Se trata de un recurso **proteccionista** que impone un **precio** mucho más alto al **producto** importado que al fabricado en el país, 12- **media de ganancia (Karl Marx)**: Cociente entre la **plusvalía** total y el **capital** social total. En el largo plazo, la TMG es decreciente, ya que el **capital constante** aumenta (inversiones tecnológicas que los **capitalistas** deben realizar forzados por la **competencia** con los demás capitalistas) a costa del **capital variable** (**trabajo asalariado**) -y sólo de este último surge la **plusvalía**-. En esa competencia interburguesa sobrevivirán aquellos que tengan una **T de ganancia** superior a la TMG, 13- **pasiva: Tasa de interés** que paga el **banco** a quien realiza un **depósito** bancario.

Tendencia a la caída de la tasa de ganancia (Karl Marx): Decrecimiento progresivo de la **ganancia** obtenida en relación con el **capital** total invertido. Esto ocurre porque -a medida que el capital se acumula y crece- la ganancia es menor en proporción a todo el capital, lo que desalienta al **capitalista** para seguir invirtiendo. Sin embargo, por la presión de la **competencia**, el capitalista se ve obligado a invertir en **tecnología**, aumentando la **productividad** (y generando más **desempleo**) y haciendo que la **tasa de ganancia** baje cada vez más, por la mayor proporción de **capital constante** en relación con el **capital variable** (único que genera **plusvalía**), es decir, por el aumento decreciente de la **tasa de explo-**

tación y el aumento creciente de la **composición orgánica del capital.** La TCTG es la **ley** económica más importante de la **Economía política** y es uno de los fundamentos de las **crisis** recurrentes del **capitalismo.** Frente a ella, existen las que **Marx** denominó **tendencias contrarrestantes** (aumento de la tasa de **explotación,** abaratamiento de **materias primas** o del capital constante, reducción del **trabajo improductivo,** baja salarial, etc) que frenan temporariamente la tendencia aunque en determinado momento no logran evitarla.

Tendencias contrarrestantes (Karl Marx): Contratendencias que detienen momentáneamente la **tendencia a la caída de la tasa de ganancia.** Entre las más importantes podemos mencionar al aumento de la **tasa de explotación,** el abaratamiento de **materias primas** o del **capital constante** y la reducción del **trabajo improductivo,** que frenan temporariamente la tendencia aunque en determinado momento no logran evitarla.

Teorías económicas: 1- **cuantitativa del dinero (Irving Fisher): Teoría** del **equilibrio monetario** que sostiene que los **precios** se mueven proporcionalmente a la **oferta monetaria** (a más **dinero** en plaza, mayores precios y a la inversa) y cuya fórmula es: $M : V = P : T$, donde M = **circulación monetaria,** V = **velocidad de circulación del dinero,** P = nivel de **precios** de la economía y T = cantidad de **bienes** y **servicios** producidos. Esta teoría –cuyos rudimentos elaboró David **Hume** en su crítica al **mercantilismo** y perfeccionó David **Ricardo**– presupone que la velocidad del dinero es bastante estable y que, por lo tanto, el **gasto** total estará determinado por la cantidad de dinero. (Ver también **monetarismo). Marx** criticó fuertemente la creencia de que las **mercancías** y el dinero llegan al **proceso** de **circulación** sin precio y sin **valor** alguno, y refocalizó el núcleo del proceso económico en la **producción,** lugar de creación del valor, 2- **de las ventajas absolutas (Adam Smith, fines del siglo XVIII):** Comparación entre dos países del rendimiento de la mano de obra en la **producción** de un mismo **bien.** La TVA plantea que cada país debe especializarse en la producción de aquellos **bienes** en los cuales posea una ventaja absoluta (**producción eficiente**) en comparación con los demás países, 3- **de las ventajas comparativas (David Ricardo, principios del siglo XIX →): Ricardo** planteaba que cada país debe especializarse en la **producción** de aquellos **bienes** que le resultan más ventajosos de producir en comparación con los demás países, de modo que se produzca una **división internacional del trabajo.** La TDT fue clave para la **apertura de la economía** mundial en favor del **capital** británico y la conversión de **Ingla-**

terra en "el taller del mundo", 4- de los equilibrios parciales (Alfred Marshall e Irving Fisher): Mientras que León Walras había estudiado al conjunto del sistema económico (ver teoría del equilibrio general), los también neoclásicos Marshall y Fisher se interesaron por el análisis de la unidad de producción particular (empresa) y de una rama de la actividad económica en un determinado mercado en competencia perfecta. La TEP mantiene constantes todas las demás variables del fenómeno estudiado y busca establecer un equilibrio parcial determinado por las interrelaciones entre oferta y demanda, siempre en el corto plazo. Fisher utilizó esta teoría para observar el mercado en el que se detrmina la tasa de interés, igualmente determinado por la oferta y la demanda, 5- del consumidor: Teoría que plantea que los consumidores actúan como agentes maximizadores de la utilidad y que lo hacen de una manera completamente racional, 6- del derrame: Planteo que afirma que -si la economía crece- los sectores más pobres de la sociedad se benefician por la prosperidad económica de los más ricos: en una imaginaria torre de copas, la copa más alta se llena hasta "derramarse" hacia abajo. Es uno de los argumentos más habituales del pensamiento neoliberal, 7- del despegue (Walt Rostow): Surgida en la década de 1950, la TD –proveniente del funcionalismo- planteó

que si un país se quiere desarrollar, debe imitar el camino seguido dos o tres siglos atrás por los países ya desarrollados. Para la TD, el problema del subdesarrollo es de un simple "retraso", punto de vista que ha sido criticado –entre otros- por la teoría de la dependencia, 8- del equilibrio general (León Walras): Por medio de un sistema de ecuaciones econométricas, este economista neoclásico pretendió abordar el conjunto del proceso económico, el que siempre está en equilibrio. Para ello, tomó como base los siguientes presupuestos: a) libre competencia o competencia perfecta, b) la valía de un bien económico se determina por su utilidad y rareza (y no por el trabajo que tenga incorporado, que era la postura de los clásicos), c) los precios de los servicios de los factores de producción determinan los precios de los productos, d) la cantidad de productos que se demandan y ofertan es función de los precios (para establecer el equilibrio económico, Walras priorizó los precios relativos por sobre los absolutos). Su análisis se basaba en la autorregulación del mercado y la Ley de Say, y excluía toda posibilidad de crisis. Ver también teoría subjetiva del valor y teoría de los equilibrios parciales, 9- del valor-trabajo (fines del siglo XVIII →): Teoría planteada por Adam Smith, David Ricardo y Karl Marx. En Smith, el valor surge en la esfera del mercado sobre la base de la cantidad de **dinero** existente. En Marx –quien distingue un **valor de uso** y un **valor de cambio**- la TVT determina que el valor de los **bienes** está determinado por la cantidad de **trabajo** incorporado en los mismos en el **proceso** de **producción**. Es decir que se mide por el **tiempo de trabajo socialmente necesario** para producirlo, que es lo que determina su valor de cambio **objetivo**. Ricardo oscila entre ambas posturas. Se dice que es una **teoría objetiva del valor** pues se basa en la cuantificación del trabajo, midiendo el tiempo de **trabajo productivo** que los hombres le dedican a la actividad económica. La TVT parte de la idea de que la producción es colectiva y que el valor de las **mercancías** se deriva de la **división social del trabajo**. En este sentido, se contrapone a la **teoría subjetiva del valor**, 10- **subjetiva del valor (neoclásicos):** **Teoría** económica de la escuela **marginalista** o **neoclásica**, basada en la **microeconomía**, en la que se enfoca la **demanda** del consumidor y la **oferta** del productor. De la conjunción de ambos movimientos se llega en cada **mercado** a un equilibrio entre oferta y demanda, determinándose un **precio** que corresponde a una cantidad de **bienes** específicos transados en el mercado. Desde esta visión macroeconómica centrada en el mercado (y no en la **producción**), se intenta llegar por medio de la agregación de demandas individuales a la determi-

nación del equilibrio general del mercado entre **demanda agregada** y **oferta agregada**. La corriente neoclásica desecha la determinación clásica del **valor** de las **mercancías** por el **tiempo de trabajo** (**economía clásica**, tanto **Smith** y **Ricardo** como **Marx**) y otorga gran importancia a la **utilidad** de un bien y a la **escasez** de recursos valoradas subjetivamente. Así, la utilidad **subjetiva** reemplaza al **valor de uso**: a mayor dificultad para conseguir una **mercancía**, mayor valor se le asignará subjetivamente. Por ejemplo, nuestro **consumo** de aire necesario (útil) para vivir -al no ser escaso- no tiene valor. El origen del valor para los neoclásicos es subjetivo y no se relaciona con el **trabajo** contenido en el objeto. Esto implica que entre precio y valor no hay diferencia: el precio depende de la interacción de los sujetos y la utilidad que representa un bien para el comprador. Se le ha criticado a la TSV por tener una postura a-histórica, ya que presupone que el comportamiento humano en la **economía** es -esencialmente- idéntico en todo tiempo y lugar. Además, la TSV no advierte que la propia escasez puede determinarse objetivamente: algo es escaso en la medida en que requiere mucho **trabajo** encontrarlo o producirlo o transportarlo. De modo que el valor termina determinándose por el trabajo humano objetivo que conlleva todo bien (lo que Marx denominó **trabajo abstracto**).

Teoría general del empleo, del interés y el dinero (John M. Keynes, 1936): La principal obra de John M. **Keynes**. Para este economista, la clave de la **economía** no es cómo se determinan los **precios** o cómo se distribuye el **ingreso** sino cómo se determinan los niveles de **producción** y **empleo**. En esta obra, Keynes planteó que, el problema pasa por la diferencia entre la alta posibilidad de producción (oferta) y el bajo **consumo** (demanda). Mientras que para los **liberales**, si los precios bajan, también deben bajar los **salarios**, para Keynes lo que hay que hacer es aumentar el empleo para incrementar la demanda y dar salida a la producción, lo cual alentaría a más producción, más empleo y más demanda. El **Estado** debe poner en marcha la economía emitiendo **moneda** (y aumentando su **déficit**); la moneda sirve para **créditos** baratos para la producción y pago de salarios, sin riesgo de **inflación**, ya que según Keynes no puede haber inflación en caso de **subempleo**. Así, el Estado debe lanzarse a hacer obras **públicas** y a proteger a la **industria** nacional, y el **sistema** impositivo debe ser más **progresivo** (pagan más los **capitalistas** y menos los **trabajadores**). De este modo, el aumento de moneda en circulación no llevaría a aumentos de precios, sino a aumentos de producción (oferta), lo cual posibilitaría el regreso al empleo de los desocupados, derivando

todo este proceso en una economía cercana al **pleno empleo**. El esquema propuesto por Keynes funcionó temporariamente en algunos países –Europa occidental, **EE.UU.**, etc–, pero entró en colapso con la **Crisis del Petróleo**. (Ver también **Estado de Bienestar Keynesiano** y **keynesianismo**).

Tercera Revolución Industrial (1940 →): Tercera etapa de la **Revolución industrial** y del **capitalismo** (fases **keynesiana** y **neoliberal**), caracterizada por el uso de la **energía atómica** como fuente de **energía**, el uranio y el hidrógeno como combustible, el plástico como **materia prima**, los "nuevos materiales", la **automatización**, naves espaciales y satélites, la televisión y las comunicaciones vía satélite, el **desarrollo** de la física nuclear, la electrónica, la **cibernética** y la informática, la participación sindical en los **gobiernos**, entre otros rasgos.

Tercerización: Derivación de actividades económicas a terceros.

Terciarización: Incremento de las actividades terciarias (**servicios, comercio, finanzas,** turismo, transporte, etc) en una **economía** en detrimento de las actividades **agropecuarias** y de la **industria**.

Términos del intercambio: Relación de **precios** entre los **bienes** que un país importa y los que exporta. Los países industrializados tienen una ventaja en sus TDI en relación con los países **primario-exportadores** de la **periferia**, quienes reclaman compensaciones por el **deterioro en los TDI, concepto** que ha desarrollado la **CEPAL.**

Tierra: Recurso natural, uno de los **factores de la producción,** cuya remuneración se denomina **renta.** En general, se considera T no sólo a la cultivable sino también a otros **recursos naturales** (por ejemplo, los minerales, los bosques o los ríos).

Tipo de cambio: Precio a que pueden cambiarse las **monedas** nacionales en el **mercado de divisas** (**monedas** extranjeras). Puede haber un **TC fijo** o **flexible.** Su aumento estimula las **exportaciones** y si disminuye impulsa las **importaciones**). También existen la **flotación sucia** y el *crawling peg*, entre otras **políticas** cambiarias. **Tipo de cambio fijo:** Un país opera con TCF cuando su **Banco Central** establece **precios** fijos para la compra y venta de **divisas. Tipo de cambio flexible:** Cuando el **Banco Central** no interviene en el **mercado** de **divisas,** tenemos un TCF. En este caso, los **tipos de cambio** están determinados por la **oferta** y **demanda** del **sector privado.**

Título: Documento que otorga derechos o **créditos** a su poseedor. En **Economía,** el T implica un **derecho de propiedad** sobre un **bien** tangible o intangible. **T público: Bono** emitido por el **Estado,** con un **valor nominal** fijo y otro variable según su cotización en la **bolsa.** Con la emisión de TP, el **Estado** busca fondos para financiar su **déficit fiscal** o para contar con fondos para gastar. Cuanto más riesgo haya de que esos bonos no sean pagados por un Estado, mayor es la **tasa de interés** que ofrecen.

Trabajo: Actividad racional humana orientada a modificar los **objetos** de la naturaleza con el fin de adaptarlos a la satisfacción de diferentes necesidades. Mientras que la **teoría** económica clásica afirma que el T es un **factor productivo** (remunerado con el **salario**) que comparte con el **capital** la creación del **valor,** para **Marx** sólo el T es fuente de valor, siendo el capital T acumulado.

Trampa de la liquidez (John M. Keynes): Situación en la que predomina la tendencia a mantener **activos** en **dinero** –y no en **bonos** o **títulos**- a la **tasa de interés** vigente. Cuando se produce la TL, la creación de dinero nuevo por parte del **Banco Central** no consigue bajar la tasa de interés, de modo que la **política monetaria** no logra estimular la **demanda agregada.** La curva de **preferencia por la liquidez** es horizontal.

Transferencia: Traspaso de **bienes, servicios** o recursos desde un **agen**-

te económico a otro sin que exista contrapartida. Son T, por ejemplo, las donaciones, los **subsidios** y los **impuestos**.

Transnacionales (década de 1950 →): **Empresas** que controlan **activos, fábricas**, oficinas, etc, en varios países. Actúan desde el país donde tiene su sede central o casa matriz, a través de las fronteras nacionales. Las ETN o **multinacionales** operan en mercados **oligopólicos**, con la meta de expandirse en el **mercado** mundial, asegurando la **producción** al mínimo **costo** posible gracias a la disponibilidad de **tecnología** avanzada y **mano de obra** barata y obteniendo una máxima **ganancia**, que proviene de las economías a gran escala y ventajas **monopólicas en** el mercado. En América Latina, las T –fundamentalmente las norteamericanas- crecieron fuertemente al calor de las **políticas desarrollistas**, especialmente en las **industrias** automotriz, electrónica, petrolera y plástica. Los **gobiernos** de la región –que planteaban una **sustitución de importaciones** orientada al **desarrollo** de la **industria pesada**- le otorgaron todo tipo de beneficios, tales como excepciones legales y **créditos**. Fue el caso, por ejemplo, de A. **Frondizi** en la **Argentina**, J. **Kubitschek** en **Brasil** y E. **Frei** en **Chile**.

Tributo: Impuesto, prestación en **dinero** de carácter obligatorio.

Trust (1880 →): Fusión de varias empresas en una para conseguir una situación de **monopolio** en el **mercado** de un determinado **producto** bajando **costos** y eliminando competidores. La formación de *T* lleva a la concentración del **poder** empresario en pocas manos, generando **oligopolios**. Entre las modalidades de *T* tenemos las *voting T* y las *holding T*. Un ejemplo clásico de *T* fue la *Standard Oil Company* (Rockefeller) que llegó a controlar el 90% del negocio petrolero de **EE.UU.** A diferencia del **cártel**, donde cada **empresa** conserva autonomía económica y jurídica, en el *T* existe una unificación (ver también **leyes antitrusts**).

Turgot, Anne Robert Jacques (1727-1781): Economista y político francés, es junto con F. **Quesnay** la referencia máxima de la **fisiocracia**. Analizó cuestiones como el **valor**, la **división del trabajo**, la **productividad** y los efectos de la **competencia**. Fue **Ministro** de Hacienda de **Luis XVI**. Entre sus principales obras encontramos a: *Reflexiones sobre la formación y la distribución de la riqueza* (1766).

U

Unidad económica: Agente económico. Por ejemplo, la **familia**, la **empresa** y el **gobierno**. Mercado común al que se suman **políticas** regionales

supranacionales y la coordinación de todas las **políticas económicas** entre los países miembro. Es la forma más completa de integración económica.

Unidad monetaria: Denominación de la **moneda** oficial de cada país.

Unión aduanera: En una UA, los países miembro establecen un **arancel** externo común frente a terceros países y un arancel interno cero, sin excepciones de **productos**, lo que supone un cierto grado de integración de las **políticas fiscales** y **monetarias**. Ejemplos: el *zollverein* alemán, el **Benelux**, la **Unión Europea**, entre otros.

Usura: interés excesivo o abusivo, muy por encima del **precio de mercado**, que se cobra por un **préstamo** en **dinero** o por **mercancías** vendidas a **crédito**. En algunas legislaciones la U es considerada un **delito** contra la **propiedad**.

Utilidad: Ganancia o **beneficio** líquido producido por una **empresa capitalista** en determinado período. También, cualidad de un **bien** o **servicio** productivo para satisfacer necesidades humanas. **U marginal (neoclásicos): Utilidad** o satisfacción que aporta la última unidad consumida de un **bien**. Dicho de otra manera, la UM implica en qué medida se incrementa la utilidad total cuando un **individuo** consume una unidad adicional. El supuesto de comportamiento es que la satisfacción del **consumo** de un **producto** disminuye continuamente hasta desaparecer al ir sucesivamente repitiéndolo, de forma tal que la satisfacción total sube pero cada vez menos (UM decreciente). La satisfacción total o utilidad total que produce un bien es máxima cuando su UM es cero. Es clásico ya el siguiente ejemplo: una persona que se perdió en el desierto por una semana pagaría *lo que sea* por un vaso de agua, *muchísimo* por un segundo vaso y *bastante* por un tercero. Calmada su sed, quizá pagaría *algo* por un cuarto vaso y *poco* por un quinto. Desecharía, sin embargo, el sexto vaso. Ver también **teoría subjetiva del valor**.

V

Valor: Magnitud que dice que la valuación de los **bienes** está determinada por la cantidad de **trabajo** incorporado en los mismos en el proceso de **producción**. En A. **Smith** y en D. **Ricardo**, el V termina siendo igual al **precio**, ya que éste expresa directamente al primero. Para **Marx**, en cambio, el **precio de mercado** no tiene una relación directa con el V originado en el **proceso de producción**. En Marx, el V está formado por tres componentes: **capital constante**, **capital variable** y **plusvalía** (su fórmula es $V = c + v + p$). Otra distinción esencial es

la que existe entre el **V de uso** y el **V de cambio** (ver **teoría del V-trabajo**). Algunas acepciones: 1- **a la par: V nominal** de las **acciones** o de cualquier otra **inversión**. Si el VAP es de 100 y su cotización real es de 120, se habla de **V sobre la par**. Si, en cambio, la cotización es de 80, tendremos un **V bajo la par**, 2- **agregado**: Al elaborarse un **producto**, suma de los **salarios**, la **renta** del suelo y las **utilidades**. Expresado en fórmulas, VA = **Ingreso** de los **factores** + **Ganancias**. En realidad, el VA es un equivalente del **Producto**, de la suma "**Inversión** + **Consumo**" y del **Ingreso Bruto**. También se lo puede definir como la diferencia entre el **ingreso total** obtenido por una **empresa**, un sector o toda la **economía** y el **costo** de las **materias primas** y **bienes intermedios** (**insumos**) utilizados para producir aquel **ingreso**. El VA equivale a los ingresos genuinamente originados en el **sistema**, 3- **bruto de la producción**: Suma de todos los **precios** de las cantidades finales producidas en un espacio económico determinado durante un período particular (por ejemplo, un año). El VBP se calcula tomando todo aquello que se ha producido y vendido en cada uno de los tres **sectores de la economía**, no importa si son **bienes intermedios** (**insumos** de otros procesos productivos) o **bienes finales** (tanto de **consumo** como de **capital**), 4- **de cambio**: Capacidad de una **mercancía** de ser intercambiada por otras

debido a que: a) tiene un **V de uso**, b) es producto del **trabajo** humano socialmente necesario para producirla (el que puede medirse en forma **objetiva** por el tiempo que insume) y, c) es producida para el **mercado**. Ambas categorías, originadas en **Aristóteles**, son cruciales para la **economía política** (unificando en este punto a A. **Smith**, D. **Ricardo** y K. **Marx**). Éste plantea que el VDC implica un trabajo pretérito encerrado en la mercancía **fuerza de trabajo** (es decir que, el vendedor de la fuerza de trabajo –el **trabajador**- enajena su V de uso y realiza su VDC), 5- **de uso**: **Utilidad** o capacidad que tiene una **mercancía** de satisfacer una necesidad. Ambas categorías, originadas en **Aristóteles**, son cruciales para la **economía política** (unificando en este punto a A. **Smith**, D. **Ricardo** y K. **Marx**). Según este último, en el VDU importan la calidad, naturaleza y contenido del **trabajo**. Se basa en un interés **subjetivo**, por lo que no sirve como parámetro de medida de su **V de cambio** ya que su V dependerá de la evaluación que cada **individuo** haga, 6- **nominal**: Magnitud impresa o acuñada en distintos V, como la **moneda** o las **acciones**. El VN no siempre coincide con el **precio** que se paga por ellos (**V real**). Por ejemplo, un **bono** puede tener un VN, digamos de $ 100, pero si lo vendemos en el **mercado** nos pagarán $ 60, 7- **real**: V que efectivamente se paga por un **bien**.

Velocidad de circulación del dinero: Cantidad de veces promedio que una **unidad monetaria** sirve como medio de pago en un período determinado. Resulta del cociente entre el **ingreso** nacional y la **oferta monetaria**: V = Y/M.. Ver también **multiplicador.**

Ventaja absoluta: Situación en que un país puede producir un **bien** con menos recursos que otros países.

Ventaja comparativa: Un país A tiene una VC frente a un país B cuando el **costo** de producir un **bien** en relación con la **producción** de otros bienes en A (o **costo de oportunidad**) es menor que la situación equivalente en B. Es decir que el país con un costo de oportunidad menor es el que tiene una VC en ese bien o servicio. La VC es la base de la **teoría de las ventajas comparativas** de David **Ricardo.**

Von Hayek, Friedrich (1899-1992): Economista **neoliberal** austríaco, discípulo de L. **von Mises** y miembro principal de la **Escuela de Viena.** VH afirmaba que la **planificación** no era verdaderamente necesaria para el **desarrollo** económico, reivindicando el individualismo como el principal elemento de progreso. Entre sus obras principales encontramos a: *Camino de servidumbre* (1944), profundamente hostil hacia el **keynesianismo.**

Von Mises, Ludwig (1881-1973): Economista **neoliberal** austríaco, miembro de la **Escuela de Viena.** Entre sus obras principales encontramos a: *Sobre liberalismo y capitalismo* (1927) y *Teoría del dinero y del crédito* (1934).

W

Walras, Marie Ésprit Léon (1834-1910): Economista **neoclásico** francés, uno de los fundadores de la **teoría de la utilidad marginal.** Centró sus estudios en el equilibrio general entre la **oferta** y la **demanda**, sosteniendo que el **valor** de los **bienes** se vincula con su **escasez.** En su **teoría del equilibrio general** presuponía un **pleno empleo** de los **factores de la producción**, lo que fue criticado por **Keynes.** Entre sus obras principales encontramos a: *Elementos de economía política* (1874) y *Estudios de economía social* (1896).

Welfare State: Ver **Estado de Bienestar.**

Z

Zona de libre comercio: Área de **librecambio** formada por varios países que eliminan los **aranceles** entre sí para intercambiar libremente **mercancías** y **servicios**, aunque pueden establecer excepciones con algunos productos. Además, cada país mantiene sus propios aranceles frente a terceros países, lo que diferencia a la ZLC de la **unión aduanera**. El **Mercosur** es un ejemplo de ZLC.

Zona económica exclusiva: Área ubicada más allá del mar territorial con un ancho máximo de doscientas millas marinas, en la que un **Estado** tiene **soberanía** exclusiva sobre los recursos económicos.

Zona franca: Área ubicada fuera de la zona aduanera donde no se grava la entrada y salida de determinadas **mercaderías**. En general, son ZF en puertos y aeropuertos.

BIBLIOGRAFÍA

En todos los casos se cita el año de edición consultada, que no necesariamente coincide con la primera edición de la obra ni con el año en que ésta fue escrita.

LIBROS

Acevedo Herrera, Manuel, *Manual introductorio de Economía*, Ediciones de la Universidad, Buenos Aires, 1996

Acevedo Herrera, Manuel (comp.), *Fundamentos de Economía*, Ediciones de la Universidad, Buenos Aires, 1997

-, *Economía 2000*, Ediciones de la Universidad, Buenos Aires, 2004

Barbero, María Inés et al, *Historia económica y social general*, Macchi, Buenos Aires, 1999

Burkun, M. y Spagnolo, A., *Nociones de economía política*, Zavalía, Buenos Aires,

Cameron, Rondo, *Historia económica mundial desde el paleolítico hasta el presente*, Alianza, Madrid, 1990

Castro, A. y Lessa, C., *Introducción a la Economía*, Siglo XXI, Buenos Aires, 1982

Dobb, Maurice, *Capitalismo, crecimiento económico y subdesarrollo*, Ediciones de Occidente, Barcelona, 1964

-, *Estudios sobre el desarrollo del capitalismo*, Siglo XXI, Buenos Aires, 1971

Fucci, Pablo, *Economía política y economía*, Ediciones Cooperativas, Buenos Aires, 2004

Galbraith, John Kenneth, *Historia de la Economía*, Ariel, Buenos Aires, 1993

Garvie, Alejandro, *Economía para principiantes*, Era Naciente, Buenos

Aires, 2002

Gómez, C., *Historia del pensamiento económico*, Universidad de Alcalá, 1998

Heilbroner, R. y Thurow, L., *La economía explicada*, Aguilar,

Hobsbawm Eric, *La era de la revolución, 1789-1848*, Crítica, Buenos Aires, 1997

-, *La era del capital, 1848-1875*, Crítica, Buenos Aires, 1998

-, *La era del imperio, 1875-1914*, Crítica, Buenos Aires, 1998

-, *Las revoluciones burguesas*, Labor/ Punto Omega, Barcelona, 1985

-, *Historia del siglo XX*, Crítica, Buenos Aires, 1998

-, *Industria e imperio*, Ariel, Barcelona, 1988

Kautsky, Karl, *La doctrina económica de Carlos Marx*, El Yunque, Buenos Aires, 1973

Keynes, John Maynard, *Teoría general sobre la ocupación, el interés y el dinero*, FCE, Buenos Aires, 1992

Landes, David, *Progreso tecnológico y Revolución Industrial*, Tecnos, Madrid, 1979

Le Goff, Jacques, *Mercaderes y banqueros en la Edad Media*, Gedisa, Barcelona, 1993

Lenin, V.I., *El imperialismo, etapa superior del capitalismo*, Anteo, Buenos Aires, 1975

Lucchini, Cristina (comp.), *Modelos y procesos en la historia económica contemporánea*, Biblos, Buenos Aires, 2000

Lucchini, C. y Bubello, *Economía, sociedad y formas de organización del trabajo en el siglo XX*, Biblos, Buenos Aires, 2005

Lucchini, C., Ferrante, J. y Minguez,

R., *Los procesos de reestructuración capitalista desde la Primera Guerra Mundial a los inicios del siglo XXI*, Biblos, Buenos Aires, 2001

Mandel, Ernest, *Introducción a la teoría económica marxista*, Ediciones Cepe, Buenos Aires, 1973

Marshall, Alfred, *Principios de Economía*, Aguilar, Madrid, 1957

Marx, Karl, *El Capital*, Siglo XXI, México, 1975

-, *Prólogo a la contribución a la crítica de la Economía Política*, Sarpe, Madrid, 1985

-, *Trabajo asalariado y capital / Salario, precio y ganancia*, Anteo, Buenos Aires, 1975

Matilla, María Jesús, *Máquinas y capitalismo*, Eudema, Madrid, 1993

Mill, John Stuart, *El utilitarismo*, Alianza, Madrid, 1984

-, *Sobre la libertad*, Hyspamerica, Buenos Aires, 1980

Mochón, Francisco y Beker, Víctor, *Economía. Principios y aplicaciones*, Mc Graw Hill Interamericana, Buenos Aires, 2003

Neffa, Julio, *El proceso del trabajo y la economía del tiempo*, Ed. Humanitas, Buenos Aires, 1990

Niveau, A., *Historia de los hechos económicos contemporáneos*, Ariel, Barcelona, 1974

Palmade, Guy, *La época de la burguesía*, Siglo XXI, España, 1979

Pipitone, Ugo, *El capitalismo que cambia. Industria, trabajo y Estado en medio de la crisis*, Era, México, 1986

Quesnay, François, *Los fisiócratas*, CEAL, Buenos Aires, 1991

Ricardo, David, *Principios de Economía Política y tributación*, FCE, México, 1985

Ruiz Valiente, Rolando, *Principales doctrinas del pensamiento económico*, Ediciones de la Universidad, Buenos Aires-La Habana, 2001

Samuelson, Paul y Nordhaus, William, *Economía*, Mc Graw Hill, 1994

Samuelson, Paul, Pérez Enrri, Daniel y Nordhaus, William, *Economía*, Mc Graw Hill, 2005

Schumpeter, Joseph, *Capitalismo, socialismo y democracia*, Folio, Barcelona, 1964

Smith, Adam, *Investigación sobre la naturaleza y causas de la riqueza de las naciones*, FCE, México, 1987

Spagnolo, A. y Mercado, P., *Introducción a la Economía*, Fundación F. Ebert,

Sweezy, Paul, *Teoría del desarrollo capitalista*, FCE, México, 1974

Tamames, R., *Estructura económica internacional*, Alianza, Madrid, 1980

Van Der Wee, Herman, *Prosperidad y crisis. Reconstrucción, crecimiento y crisis, 1945-1980*, Crítica, Barcelona, 1986

ARTÍCULOS

Farrán, Gabriela, "Taylorismo, fordismo y americanismo", en Pozzi, Pablo et al, *Un pasado imperfecto: el conflicto en la historia de los EE.UU.*, Manuel Suárez Editor, Buenos Aires, 1992

Hirsch, Joachim, "¿Qué es la globalización?", en *Cuadernos del sur* N° 24, Ed. Tierra del Fuego, Buenos Aires, 1997

Marchini, J. y Marcos, F., "¿Qué estudiamos en Economía?", *Apunte de cátedra*

Marx, Karl, "Carta a P. V. Annenkov", en *Correspondencia K. Marx-F. Engels*, Cartago, Buenos Aires, 1972

Neffa, Julio, *La economía del trabajo*, Humanitas, Buenos Aires, 1990

Palazuelos, E., "El sistema económico y su reforma", en Taibo, C. (ed.), *De la Revolución de Octubre a Gorbachov*, Fundamentos, Madrid, 1991

Pérez, Carlota, "Las nuevas tecnologías: una visión de conjunto", en Ominami, Carlos, *La Tercera Revolución Industrial*, GEI, Buenos Aires, 1986

ENCICLOPEDIAS, DICCIONARIOS Y GLOSARIOS

De la Vega, Julio César, *Diccionario consultor de Economía*, Ediciones Delma, Buenos Aires, 1991

Di Tella, Torcuato et al, *Diccionario de Ciencias Sociales y Políticas*, Ariel, Buenos Aires, 2004

Fernández, María Inés y Gómez, Teresita, *Conceptos económicos básicos*, Proyecto Editorial, Buenos Aires, 2004

Mentor, *Enciclopedia de Ciencias Sociales*, Océano, Barcelona, 2000

Pardo Alonso, Inmaculada et al, *Diccionario de Ciencias Sociales*, Editorial Escuela Española, Madrid, 1992

Seldon, Arthur y Pennance, F. G., *Diccionario de Economía*, Hyspamérica, Barcelona, 1983

Sepúlveda L., César, *Diccionario de términos económicos*, Editorial Universitaria, Chile, 2004

9 789871 719259